Stille Winkel in Zürich

Stille Winkel in

Zürich

Dagmar und Richard Bhend
Bernd Zocher

Ellert & Richter Verlag

Inhalt

- 7 Vorbemerkung
- 9 St. Peterhofstatt, Lindenhof, Schipfe
  oder Hodlers Zifferblatt
- 16 Hinterhöfe der Bahnhofstrasse
  oder Marmor, Stein und Wasser spricht
- 21 Kunsthaus
  oder eine virtuelle Reise durch die Schweiz
- 25 Trittligasse
  oder der kopflose Bürgermeister
- 34 Rehgässchen
  oder Probleme eines Feuerwehrmannes
- 40 Oberdorf
  oder erste Schritte in die Vergangenheit
- 46 Schanzengraben
  oder venezianische Impressionen
- 55 Die Giacometti-Halle
  oder wo man für Kunst seinen Ausweis abgeben muss
- 58 Platzspitz
  oder Titanic auf schweizerisch
- 62 Kirche Hauptbahnhof
  oder Ruhe im Sturm
- 65 Sihlfeldfriedhof
  oder wo wir einst begraben werden

71 Belvoirpark
   oder Eschers Erbe
77 Rieter-Park
   oder Wagners Flucht
85 Neuer Botanischer Garten
   oder Bärenkamille und Gauklerblume
89 Burghölzli-Hügel
   oder wo die Seele wieder heilen soll
96 Vom Rigiblick zur Fifa
   oder von starken Frauen und ballverrückten Männern
101 Vom Elefantenbach zum Dolder Grand
   oder Märchenwiese mit Ausblick
108 Oerlikon
   oder das postindustrielle Zürich
112 Klettersteig zum Uto-Kulm
   oder der Weg des Bäckers
117 C. G. Jung-Institut
   oder Küsnachts Traumort

122 Literatur
123 Adressen
126 Karte der Spaziergänge

Für Lou und Liam
Für Bill und Ben
Für Felix und Regula
Und für Jeanne

Vorbemerkung

Zürich ist angesagt: Geradezu verschwenderisch gehen die örtlichen Tourismusbehörden mit den Adjektiven um, wenn sie ihre Aufgabe erfüllen und Gäste in die Stadt schleusen; und manchmal dürfen auch Anglizismen ihren Dienst tun: «Downtown Switzerland» hieß es, was wohl bedeuten sollte, dass Zürich die Innenstadt, die City des gesamten Landes sei. Das ist natürlich nicht ganz falsch, aber richtig ist es auch nicht.

Zürich ist ein Zentrum der Schweiz, es ist mit rund 380 000 Einwohnern gerade mal rund halb so groß wie Frankfurt, wurde aber gleichwohl in den letzten fünfzig Jahren durch seine wirtschaftliche Bedeutung für Europa in eine Größe katapultiert, die die Umwelt geradezu zwingt, die Stadt als Banken- und Medienzentrum und als besonders coolen Jugendtreffpunkt wahrzunehmen.

Darüber wird leicht vergessen, dass Zürich mehr als nur ein wenig protestantischen, reformatorischen Charme hat.

Zürich ist *auch* ein bezaubernder Ort zum Innehalten, mit Parks und Rückzugsmöglichkeiten, die man nie für möglich hielte. Bei einigen haben die Mauern oder die Bäume die Geschichte bis heute gespeichert, andere liefern einen atemberaubenden Blick auf die Landschaft, wieder andere rufen blanke, kontemplative Bewunderung hervor. Wollten wir all unsere Lieblingsorte aufzählen, wäre das Buch doppelt so dick geworden.

Zwei Zugereiste und ein Ureinwohner haben sich darangemacht, ihre Lieblingswinkel miteinander ausgetauscht und zu erklären versucht, weshalb sie diese Orte so mögen. Herausgekommen ist ein hoffentlich unterhaltsames Kompendium von Orten des Verweilens – nicht immer einsam, aber immer wert, eine Pause einzulegen und die Umgebung auf sich wirken zu lassen.

Dabei erzählen wir nicht einfach von Orten, die hübsch sind, sondern gehen «flanierend» vor: Wie Walter Benjamin oder Franz Hessel bevorzugen wir den Spaziergang als Methode des Erkenntnisgewinns und gegebenenfalls auch die zünftige Wanderung. Wer uns begleitet, sollte gut zu Fuß sein und sich darauf einstellen, dass es in einer Stadt mit derart ausgeprägter und dazu noch gut erhaltener mittelalterlicher Ambiance nicht schlecht ist, nach bester alter Handwerkstradition Schusters Rappen unter seine Füße zu nehmen.

Um auch Ortsunkundigen die Orientierung zu erleichtern, haben wir generell den Zürcher Hauptbahnhof oder zwei der wichtigsten Plätze der Innenstadt, das Central und das Bellevue, zum Ausgangspunkt genommen. Eine Auswahl der beschriebenen Orte, ihrer Telefonnummern und zum Teil ihrer Öffnungszeiten im Anhang soll verhindern, dass Flaneure vor geschlossener Tür stehen. Unser besonderer Dank gilt den Damen des Baugeschichtlichen Archivs in Zürich, die uns bei der Recherche schnell, unkompliziert und kompetent behilflich waren.

St. Peterhofstatt, Lindenhof, Schipfe
oder Hodlers Zifferblatt

Unser erster Weg zu stillen Winkeln stellt einige Anforderungen. Nicht an die Kondition, nein, an das eigene Beharrungsvermögen – die Verführung durch Läden der edelsten Art lauert an fast jeder Ecke. Allein unser Weg führt meist in die andere Richtung.

Vom Hauptbahnhof geht es mit den Trams die Bahnhofstrasse entlang bis zum Paradeplatz. Wir verlassen ihn an der Nordostecke zwischen dem Griederhaus und dem Restaurant Zeughauskeller. Diese Gasse hat den sinnigen Namen «In Gassen» und wird flankiert von einem sehr alten Teil der Stadt mit Häusern aus dem 12. und 13. Jahrhundert, die natürlich im Spätmittelalter umgebaut wurden. Am Ende von «In Gassen» heißt es aufpassen: Nicht zur Verführungsmeile Storchengasse geht unser Weg, sondern gleich links in die schmale Schlüsselgasse, wo es aufwärts geht. Das Auge sollte die rechte Häuserzeile im Blick haben, denn bald zweigt eine Treppe ab. Hier öffnet sich die Thermengasse. Wir wandeln auf einem Gitterrost über Ausgrabungen von Resten aus den Jahren 70 nach Christus und später, die Thermen von Zürich.

Ein unerwarteter Ort. Die Gasse ist kaum zwei Meter breit, die Häuser links und rechts sind bis zu sieben Stockwerke hoch und unter uns liegen Steine aus dem ersten Jahrhundert unserer Zeitrechnung. Eine Schautafel weist auf weitere 59 Fundstellen aus römischer Zeit in der Innenstadt von Zürich hin. Für Interessierte ein Fundus an Entdeckungsmöglichkeiten.

Die Thermengasse hat einen Ausgang zum Weinplatz; ein schöner Platz mit Ausblick auf Limmat und Rathaus, doch mit der Stille ist es vorbei.

Wir treffen eine Bekannte, die uns auf eines der alten Häuser hinweist. Hier lebte ihre Urgroßmutter im ersten Stock, und im Parterre führte die Familie einen Kolonialwarenladen. Ein großes Problem war dazumal, dass die zahlreich mitarbeitenden Familienmitglieder die Tageseinnahmen bereits abends gern unter sich verteilten. Die *Patronne* musste eines Tages zu drastischen Mitteln greifen: Um zu verhindern, dass wieder einmal alles Geld aus der Kasse in die verschiedenen Taschen wanderte, warf die resolute Frau die Kasse mit Inhalt durchs Fenster aus dem ersten Stock auf die Straße – glücklicherweise auf niemandes Kopf, und auch der Inhalt fand den Weg zurück.

Jetzt wieder zurück in die Gasse, die steile Treppe noch einmal hoch. Wir gehen die Schlüsselgasse nach rechts weiter, und schon stehen wir auf dem schönsten Platz der Stadt: die St. Peterhofstatt.

In der Mitte steht majestätisch eine alte Linde mit einer Bank rund um den Stamm, ein Ambiente wie im Mittelalter. Die Kirche St. Peter beherrscht den Platz; es ist der erste protestantische Sakralbau der Stadt nach der Reformation. Eine große Freitreppe führt über einen wunderschönen, baumbestandenen Vorplatz zum Eingang. Dieser einzige in barocker Zeit erstellte Kirchenraum der Stadt ist wie ein hell und warm wirkender Festsaal. Merkwürdig, dass Kirchenschiff und Turm nicht denselben Eigentümer haben. Der Kirchturm, dessen unterer Teil spätromanisch und der obere gotisch ist, hat ein höheres Alter als das Kirchenschiff aus dem Jahre 1705. Der Turm ist städtischer Besitz, Glockenstuhl und Glocke gehören der Kirchengemeinde.

Blickfang der Kirche ist sicher das Zifferblatt der Turmuhr. Mit einem Durchmesser von 8,64 Metern hat St. Peter das größte Turmzifferblatt Europas, erstellt 1538. Bei den immer wieder nötigen Ausbesserungen hat wohl einmal auch der berühmte Maler Ferdinand Hodler Hand angelegt.

Die ruhige Umgebung bietet noch viele Entdeckungen, zum Beispiel das Lavaterhaus, in dem der reformierte Pfarrer, Philosoph und Schriftsteller Johann Caspar Lavater (1741–1801), ein Zeitgenosse und Brieffreund Goethes, wirkte. Auf dem Weg vom Pfarrhaus über den Platz zur Kirche starb Lavater an den Folgen einer Schussverletzung, die ihm von einem französischen Besatzungssoldaten zugefügt worden war.

Gleich daneben zweigt die winzige Robert-Walser-Gasse ab, und vor uns steht das Haus der Weinstube zur «Grossen Reblaube». 1779 weilte hier Goethe zusammen mit dem Herzog von Weimar. Beide besuchten Lavater, der damals noch in diesem Haus wohnte. Schön die Inschrift:

Warum stehen Sie davor?
Ist nicht Türe da und Tor?
Kämen Sie getrost herein,
werden wohl empfangen sein.

Seit 1260 wird in diesem Hause gelebt und seit langem gewirtet. Heute kocht in der «Reblaube» Peter Brunner, einer der renommiertesten Köche des Landes.

Die kurze Gasse mündet in einen kleinen, ruhigen Platz; wir halten uns zweimal links und spazieren in die letzten Meter der Augustinergasse, die nach rechts zur Bahnhofstrasse führen würde. Vor uns befindet sich das Museum Strauhof mit wechselnden Ausstellungen, meist zum Themenbereich Schriftsteller und ihre Beziehung zur Stadt Zürich (Geöffnet Dienstag bis Freitag 12–18 Uhr, Samstag/Sonntag 10–8 Uhr).

Im selben Haus befindet sich übrigens auch das James-Joyce-Archiv. Der große irische Dichter lebte längere Zeit in Zürich und ist in der Stadt gestorben und begraben (siehe Seite 100). Die Augustinergasse führt uns zurück zum «schönsten Platz der Stadt». Das Haus Nummer 6 mit dem Namen «Zum Irrgang» und einem mittelalterlichen Hauszeichen, das den Weg der Erlösung durch das Labyrinth in den Garten des Paradieses darstellen könnte, regt zum Sinnieren an.

Ist die Bank unter der Linde besetzt, dann gehen wir direkt ins Haus Nummer 10. Die über 125 Jahre alte Buchhandlung Beer lädt zum Schmökern ein; auf bequemen Sesseln nehmen wir Bücher in die Hand und lassen immer wieder den Blick durch das Schaufenster über den Platz schweifen – gestört allenfalls durch das Knarren der Dielen. Geistig gestärkt verlassen wir den Platz nordwärts, kommen zur Strehlgasse, und nach wenigen Metern zweigt rechts ein knapp ein Meter breiter Durchgang ab – die Rollengasse.

Diesen schmalen Durchgang gilt es sich für später zu merken. Zuerst nehmen wir die Mühe des steilen Aufstiegs geradeaus durch die Pfluggasse auf uns. Ein paar Minuten, und wir sind auf dem Lindenhof, dem Ort mit dem schönsten Blick auf die Altstadt von Zürich und den Fluss.

Der Lindenhof gilt als eigentliche historische Keimzelle der Stadt. Hier lag das Zentrum der römischen Siedlung. Später wurde es zur fränkischen Pfalz und nach deren Zerfall im 14. Jahrhundert zum Festplatz umgestaltet und mit Linden bepflanzt. Der Lindenhof war die einzige öffentliche Grünanlage innerhalb der mittelalterlichen Mauern.

Die heutige Parkanlage mit durchgehender Kiesfläche und einigen Bänken lässt viel Raum für Petanquespieler und herumtollende Kinder. In einer Ecke vergnügen sich auch immer einige Schachspieler. Hier oben sind wir in der Regel auf der Höhe der obersten Stockwerke der angrenzenden Häuser oder noch höher. Das einzige Gebäude auf dem Lindenhof ist der 1852 entstandene Tempel der Freimaurerlogen an der Südostseite des Platzes. Alle acht Logen der Stadt haben hier ihren Mittelpunkt. Wir setzen uns auf die Mauer an der Ostseite und sehen uns an der Dächerlandschaft der Altstadt satt, während wir gelegentlich ein Tram vom tief unter uns liegenden Limmatquai hören. Wir verlassen den Lindenhof auf demselben Weg bis an die erwähnte Abzweigung der Rollengasse. Wunderlich – das Haus «Zum Weissen Fräulein» aus dem Jahre 1726; man atmet geradezu alte Zeiten, dazu passend der Blick in ein Couture-Atelier mit viel Handarbeit.

Wir schlendern langsam um eine scharfe Ecke, schon kommt der Fluss – die Limmat – ins Blickfeld, und wir sehen links die Straßentafel «Schipfe». Einige Stufen noch, und wir sind am Wasser. Außer Brunnenplätschern hört man nichts, der Blick zurück zum Haus «Zum Meerwunder» und ein kleines Hinweisschild «Zum Bahnhof» zeigen uns, wohin die Reise führt. Ein niedriger, schmaler Arkadendurchgang mit Rundbögen auf der Wasserseite lässt uns fast unsicher werden, ob dies wirklich der Weg zum Bahnhof ist. Glücklicherweise kommen uns gelegentlich Menschen entgegen. Ohne Körperkontakt kommen wir kaum aneinander vorbei. Nach rund hundert Metern wird der Weg etwas breiter und führt vom Wasser weg, die Schreie der Möwen sind jedoch immer noch dominant. Wir umgehen Bootshaus und Clublokal des «Limmat-Clubs Zürich», der bereits 1869 gegründet wurde. Man pflegt den Rudersport mit Weidlingen, schmalen, lang gezogenen Transportbooten; sie sind am Ufer vertäut. Das Motto des Clubs lautet übrigens: «Dem Elemente zum Trutz, dem Menschen zum Schutz!»

Nun sind wir an der eigentlichen «Schipfe», es ist eines der ältesten Quartiere der Stadt. Die meisten Häuser sind im 14. Jahrhundert gebaut worden. Der Name stammt vermutlich von den Gepflogenheiten der Schiffer, die über den Walensee und den Zürichsee Ware transportierten und an der Schipfe ihre Weidlinge festmachten, um dann die Boote ans Ufer und wieder ins Wasser zu «schupfen». Im 16. Jahrhundert siedelte sich hier zum ersten Mal die Seidenindustrie an. Auch die erste Zeitung der Stadt Zürich ist hier entstanden. Die «Freitagszeitung» von David Bürkli wurde schon 1674 an der Schipfe 33 verlegt.

In früheren Zeiten war dieser Teil der Stadt alles andere als ruhig. Auf dem Fluss befanden sich Holzhütten, die der Fischerei dienten. Am Ufer standen Badestuben, in denen fröhliches Treiben herrschte. Eine Wassermühle entstand 1666, und 1805 gründete Hans Kaspar Escher hier die erste schweizerische Maschinenfabrik. Hier wurden kleinere Schiffe, die mit Dampfmaschinen betrieben wurden, gebaut; die Limmat diente als «Parkplatz» für die fertigen Schiffe. Wer den Platz sieht, mag es kaum glauben. Aus diesen bescheidenen Anfängen hier mitten in der Stadt wurde später eine der bedeutendsten Schiffsmotorenfabriken der Welt – die Firma Escher-Wyss. Heute gehören die sechsstöckigen Wohnhäuser am Fluss, mit Blick auf die Häuser gegenüber am Limmatquai, zu den angenehmsten und begehrtesten Wohnlagen der Stadt.

Wir setzen uns auf eine der einladenden Bänke am Flussufer und phantasieren, was dieses kleine Stück Stadt alles erlebt haben mag. Verkehrsknotenpunkt – Medienviertel – Industriegebiet. Und jedes Haus hat seine eigene Geschichte, Mord und Verschwörungen nicht ausgenommen. Plötzlich realisieren wir, wie leise es hier mitten in der Stadt ist, und lassen uns von den plätschernden Wellen Anekdoten erzählen ...

Hinterhöfe der Bahnhofstrasse
oder Marmor, Stein und Wasser spricht

Wir stehen am Paradeplatz, zwei Tramstationen vom Hauptbahnhof entfernt, im Zentrum der Bankenwelt Zürichs. Vom Platz bis zum See zeigt die Bahnhofstrasse ihr edelstes und teuerstes Gesicht. Kaum vorstellbar, dass der Platz bis 1819 Saumarkt hieß. Dementsprechend wurden hier Viehmärkte abgehalten, und um den Platz herum standen Zeughäuser und Munitionsdepots. Das Viertel zwischen Paradeplatz und See nannte sich Kratzquartier und war in der Zürcher Altstadt der Stadtteil für die Unterschicht.

Die Bewohner sprachen einen eigenen Dialekt, den ehrenwerte Bürger als Rotwelsch bezeichneten, also eine Geheimsprache, eine Art Bettlerlatein oder Gaunersprache. Kaum verwunderlich, dass das Bürgertum dieses «Schandquartier» schleifen ließ. In der zweiten Hälfte des 19. Jahrhunderts wurden alle Häuser abgerissen und in einem für Zürich erstaunlich großbürgerlichen Stil neu erbaut.

Die Poststrasse führt ostwärts Richtung Fraumünster. Links ist der Eingang zum Hotel «Savoy Baur en Ville», das bereits 1818 eröffnet wurde und das erste elegante Hotel der Stadt war. Gleich gegenüber dem Hoteleingang finden wir einen Durchgang durch die Häuserzeile und stehen nach wenigen Metern im Centralhof. Das Quietschen der Trams ist kaum mehr zu hören, und nach einigen Schritten dringt nur noch das Plätschern des Brunnens in unsere Ohren. Der Centralhofbrunnen steht seit 1877 anstelle einer Pferdetränke. Bis Mitte des 19. Jahrhunderts war hier der Posthof, das Zentrum des Ostschweizer Postkutschenverkehrs, sozusagen der Hauptbahnhof des Vor-Eisenbahnzeitalters.

Bänke und Cafés laden zum Verweilen und Träumen oder zum Erholen vom Konsumrausch ein. Der Brunnen mit seinen vier wasserspeienden Flügellöwen, drei Putten samt Musikinstrumenten und Delphin ist vor allem im Winter, wenn das Wasser zu Eis erstarrt ist, ein berührender Anblick.

Wir schlendern am Café Milchbar vorbei, verlassen durch einen weiteren Durchgang den Centralhof, überqueren die Kappelergasse, und durch einen weiteren Durchgang kommen wir in den Kappelerhof. Dieser Hof ist etwas größer und ein richtiger Hinterhof.

Nur das Surren der Klimaanlagen ist zu hören. Wir sind hier sozusagen in der Service-Abteilung der Bahnhofstrasse. Neben den Klimageräten zieren Abfallcontainer und Fahrräder den Hof, daneben sehen wir aber auch schöne Bäume und Bänke zum Verweilen.

Wir schließen die Augen und sind recht verblüfft, wie nah sich ein stiller Winkel an der belebten Bahnhofstrasse befinden kann. Eine Wohnung an diesem Ort – ein Traum!

Der nächste Toreingang ist für uns der Ausgang aus der Hinterhofwelt, und vor uns steht das stattliche Gebäude der Schweizerischen Nationalbank.

Gingen wir einige Meter weiter, könnten wir den See sehen, jedoch ein Verweilen im «BarCafé Metropol» ist sehr verführerisch. Das 1892 gebaute Metropol-Gebäude ist sicherlich der schönste Jugendstilbau der Stadt und beherbergte bis vor kurzem das Steueramt der Stadt Zürich.

Noch nicht genug bekommen von Räumen rund um den Paradeplatz? Hier noch zwei empfehlenswerte Kurzbesuche.

Das den Platz beherrschende Gebäude ist der Hauptsitz der Credit Suisse, Nummer zwei in der Bankenhierarchie der Schweiz. Alfred Escher, dem wir an anderer Stelle (nämlich beim Belvoirpark, Seite 71) in diesem Buch noch begegnen werden, ließ als Gründer der Kreditanstalt im Jahre 1875 einen für damalige Verhältnisse riesigen Bankenpalast erbauen, der die Macht und das Selbstbewusstsein des Finanzkapitals ausdrückte – monumental, sicher und vornehm.

Sicher und vornehm, jedoch keineswegs monumental ist der Eingang zur ehemaligen Schalterhalle. Eine relativ kleine Pforte, zurückhaltend mit «Lichthof» bezeichnet, führt ins Innere. Jedoch bereits draußen auf dem Platz zeigt eine in den Boden vor dem Hauptportal eingelassene Granitplatte deutlich: Hier beginnt's. Eine Treppe führt in den Hauptraum der ehemaligen Kassenhalle, zwei weitere Passagen führen wie Adern hinaus zur Bahnhofstrasse und zur Bärengasse. Edelste Geschäfte sollten eigentlich für Leben sorgen. Dem ist bisher – für uns Sucher von ruhigen Plätzchen glücklicherweise – nicht so.

Wir können deshalb meist ungestört die Pracht des Raumes genießen, unsere Schritte hallen, es ist fast wie in einer Kirche, und wir bewundern vor allem das gläserne Brunnenbecken in der Mitte. Der Brunnen von Silvie Defraoui nimmt in seiner sechseckigen Form historische Bauelemente auf und wird zum Zentrum des Raumes. In den Stein des Fußbodens eingelassene Wortfragmente «Desideri, Désir, Wünsche, Desires» laden dazu ein, auf den Brunnengrund zu schauen und die darin ablaufenden Texte zu erkunden. Denn am Boden des Wasserbeckens läuft eine farbige Leuchtschrift, die in fünf Sprachen Wünsche aufzählt, «die man mit Geld nicht erfüllen kann». Nicht ganz unironisch, wenn man bedenkt, dass der Sage nach unter der Bank die berühmten Gnomen von Zürich ihre Goldvorräte horten.

Eine weitere kleine Trouvaille befindet sich gleich gegenüber vom Lichthofausgang Bahnhofstrasse: der Peterhof an der Bahnhofstrasse 30, im Gebäude des Edeltextilhauses Grieder. Wir betreten freilich nicht die vornehmen Räume von Grieder, sondern gehen durch ein schmiedeeisernes Tor und öffnen die Außentür der Nummer 30. Staunend stehen wir in einem Treppenhaus der besonderen Art: über uns Arkadengänge, als Oktaeder angelegt, und darüber ein Kuppeldach, wodurch das Sonnenlicht in wundersamen Farben den Raum beleuchtet. Der Peterhof wurde 1912/1913 erbaut. Unter den edlen Materialien befindet sich zum Beispiel Mägenwiler Muschelkalk als Verkleidung des Treppenhauses, welches das Formenrepertoire von Hamburger Bürgerhäusern der hanseatischen Renaissance zitiert. Eine ruhige Stimmung, auch hier ein Brunnen, und durch die zwei Glaslifte ein Blick in das Edelwarenhaus mit den Auslagen der großen Marken – damit nicht vergessen wird, dass inzwischen bereits das 21. Jahrhundert Tatsache geworden ist.

Kurz schauen wir noch in den «Leuenhof», gleich daneben an der Bahnhofstrasse 32. Es ist der ehemalige Hauptsitz der Bank Leu. Er wurde 1915 – etwas später als der Peterhof – erbaut und stellt gegenüber jenem noch eine Steigerung dar. Man benutzte übrigens den gleichen Marmor wie für die Pariser Oper und für die Säulen einen speziellen Stein aus dem Wallis. Eine freundliche Dame in der Portiersloge gibt gerne Auskunft. Ansonsten ist das Haus nur für Angestellte und Kunden der Privatbank offen. Aber dort – das vermuten wir jetzt einfach mal – würde es ja wohl auch nicht ruhig zugehen ...

Kunsthaus
oder eine virtuelle Reise durch die Schweiz

Rund tausend Besucher sind täglich im Kunsthaus Zürich anzutreffen – eigentlich kein Ort zum Thema. Jedoch, es gibt auch hier stille Winkel, und wir begeben uns auf die Suche. Vier Tramlinien und eine Buslinie führen uns problemlos sowohl vom Hauptbahnhof als auch vom Bellevue zur Haltestelle Kunsthaus (Linien 3, 5, 8, 9, 31).

Der Bau aus dem Jahre 1910 mit Anbau aus den Sechzigerjahren beherrscht den Platz mit den vier Namen. Offiziell heißt er nach einem Chorleiter des 19. Jahrhunderts Heimplatz, für die Verkehrsbetriebe ist er einfach «Kunsthaus», im Volksmund heißt er «Pfauen» (hier lässt uns die Etymologie im Stich) – benannt nach dem Schauspielhaus – und außerdem «Schatzalp». Schatzalp? Der Heimplatz ist und war immer Treffpunkt der vielen Schülerinnen und Schüler der Schulen der Umgebung. Schatz ist ein Zürcher Ausdruck für «Geliebter/Geliebte», und so hat diese schöne Umschreibung den Namen für einen Verkehrsknotenpunkt mit viel Kultur geliefert.

Wir treten in die Vorhalle des Kunsthauses ein und kaufen uns an der Kasse Eintrittskarten. Aber Achtung: Für unsere Zwecke genügt eine Karte *nur* für die Sammlung. Während die Mehrzahl der Besucher sich rechts zum Hauptausstellungsraum begibt, lenken wir unsere Schritte gleich nach dem Eingang links eine Treppe hoch – und hier sind nur wenige. Nicht zu übersehen ist sogleich das riesige Gemälde «Einmütigkeit» des Schweizer Malers Ferdinand Hodler, entstanden 1913/1914, kurz nach der Eröffnung des Kunsthauses. Hodlers Werk, aber auch das anderer Maler jener Zeit, ist nicht *l'art pour l'art,* sondern – mehr als in anderen Ländern – Ausdruck des damaligen politischen Bewusstseins. Während überall die bürgerliche Revolution von 1848 niedergeschlagen wurde, konnte sie sich in der Schweiz durchsetzen und führte zum Bundesstaat. Aber was für einer! Ein Staatenbund ohne gemeinsame Sprache, ohne gemeinsame Religion, mit Patrizierstädten und Untertanengebieten und sogar einem «zugewandten Ort» unter fremder Herrschaft – Neuchâtel gehörte zu Preußen (!). Dieses Konglomerat verschiedenster Vergangenheiten brauchte eine sinnliche Darstellung der einen «Willensnation». Künstler schufen nicht zuletzt mit ihren Werken den Mythos einer bereits langen gemeinsamen Vergangenheit dieses so unterschiedlichen Volkes.

Auf dem zweiten Treppenabsatz zeigen viele Türen und Treppen eine große Anzahl von Möglichkeiten, sich in der Sammlung des Kunsthauses zu verlieren. Wir treten links durch die zweite Tür und stehen bereits mitten in einer Reise durch die Landschaft und Geschichte der Schweiz mit Hilfe der Malerei.

Im Raum ist es ruhig, Stühle und kleine Bänke laden zum Verweilen und Sinnen ein, Teppichböden dämpfen jeden Schritt. Johann Heinrich Füssli (1741–1825), Ferdinand Hodler (1853–1918), Arnold Böcklin (1827–1901) und weitere Maler aus der Schweiz lassen uns geografisch und geschichtlich in Bildern versinken. Die Reise führt vom Genfer See via Mont Blanc und einem kleinen Umweg durch die Fribourger Alpen ins Berner Oberland. Ein Abstecher zum Rhonegletscher, und schon sind wir im Engadin. Als Verkehrsmittel hilft bestens «Die Gotthardpost» von Rudolf Koller aus dem Jahre 1873. Allerdings – das Bild findet sich nicht in diesem ersten größeren Raum. Dazu ist erst noch eine kleine Entdeckungsreise vonnöten.

Zuerst ein kurzer Abstecher nach rechts in ein kleines Zimmerchen, das dem Werk von Albert Welti (1862–1912) gewidmet ist. Welti ist ein Meister des Kleinformates – der intime Raum ist ein ideales Umfeld dafür. Sein bekanntestes Werk ist jedoch das Deckengemälde im Ständeratssaal des Bundeshauses in Bern. Welti wunderte sich damals über den Auftrag. Denn Ferdinand Hodler – der geradezu zum «Nationalmaler» reüssierte – wäre mit seiner Erfahrung bei Großformaten der Geeignetere gewesen. Hodler durfte dafür Briefmarken für die Post entwerfen!

Vis-à-vis dieses kleinen Raums befindet sich sein Pendant. Die gegenüberliegende Tür führt in einen auf den ersten Blick symmetrischen Raum. Welche Überraschung: Er ist zwar gleich groß, hat jedoch die Form eines Oktaeders – und einen knarrenden Stuhl. Hier lässt sich dennoch ruhig sitzen, die Teppiche schlucken jeden Lärm.

Unsere kleine Tour führt uns in einen weiteren, etwas größeren Ausstellungsraum. Albert Anker (1831–1910) illustriert mit zwei Gemälden wichtige Ereignisse der Geschichte der Schweiz. «Chappeler Milchsuppe» aus dem Jahre 1869 zeigt eine Szene aus den Religionskriegen. Kämpfer beider Konfessionen essen zusammen aus dem gleichen Topf Suppe, ein Sinnbild für die Fähigkeit der Schweizer, sich trotz unterschiedlicher Konfessionen und Sprachen als Bürger derselben Nation zu verstehen. Das Bild ist knapp zwanzig Jahre nach dem letzten Bürgerkrieg der Schweiz entstanden, in dem die katholisch-konservativen Kantone sich der radikal-liberalen Revolution von 1848 widersetzten. Ein weiteres Bild zeigt den Pädagogen Heinrich Pestalozzi und die Waisenkinder in Stans, entstanden 1870: eine Allegorie der Caritas, der Nächstenliebe. Der Bezug auf das kurz vorher durch den Schweizer Henry Dunant begründete Rote Kreuz ist gegeben.

Ein weiterer kleiner Raum empfängt uns und die nächste Tür führt uns zum großen Vorraum. Plötzlich sind auch wieder Stimmen aus der Eingangshalle zu hören, und wir sind wieder in der realen Welt, auch wenn wir nicht wollen – zu schön, zu intim, erholsam, abseits ist dieser Teil des Hauses, und wir könnten unseren Weg durch «Stille Räume» im Kunsthaus fortsetzen, zum Beispiel zu Alberto Giacometti oder zu dem wunderbaren «Olivestone» von Joseph Beuys.

Trittligasse
oder der kopflose Bürgermeister

Es sei nur ein kleiner Schritt für ihn, aber ein großer für die Menschheit, behauptete der amerikanische Astronaut Neil Armstrong beim ersten Betreten des Mondes. Uns geht es bei der Erstbesteigung der Trittligasse umgekehrt. Wer es dorthin geschafft hat, hat einen großen Schritt getan und eine Kakophonie unterschiedlichsten Lärms und merkwürdiger visueller Eindrücke hinter sich gebracht. Vom Bellevue, dem großen Verkehrsknotenpunkt Zürichs, geht es am historischen Café «Odeon» vorbei, rechts in und durch die ganze Torgasse, dann am Ende links in die Oberdorfstrasse, das Restaurant «Zum weissen Wind» nur von außen betrachtend, an dem uns die beiden schlanken, lang gezogenen Windhunde auf dem Wirtshausschild verblüffen, und dann rund 50 Meter weiter endlich in die Trittligasse.

Ober- und Niederdorf Zürichs sind in gewisser Weise zum Unterhaltungstempel der Schweiz geworden. Von der Love Parade über jedes überregionale Radrennen bis zum Marathon oder dem «Züri Fest» mit ein paar hunderttausend Besuchern bemühen sich die touristischen Organisationen der Stadt unentwegt, die kurze Strecke zwischen Bellevue und Central mit möglichst vielen Besuchern vollzustopfen. Dabei informiert das Statistische Amt der Stadt, dass in Zürichs Stadtkreis 1 gerade mal rund 5 700 Menschen leben.

Offensichtlich sind alle Veranstalter fasziniert von dem Widerspruch zwischen mittelalterlichem Stadtkern mit dem Grossmünster und modernen, im Hier und Jetzt fußenden Ereignissen, die vor dem Hintergrund der Stadtgeschichte einen umso grelleren Gegenpol bilden. Tapfer hat vor einigen Jahren der damalige Polizei-Stadtrat Robert «Bobby» Neukomm versucht, die Love Parade zu verbieten – es hat ihm nichts genutzt. Die Welt will sich im oberen Dezibel-Bereich amüsieren – Ballermann 6 ist nicht nur auf Mallorca.

Umso angenehmer die Diskrepanz zu dem lärmigen Getue, wenn man nur wenige Schritte vom *Mainstream* entfernt auf eine geradezu ausufernde Ruhe trifft. Man tritt – im wahrsten Sinne des Wortes – nur ein paar Schritte in die Trittligasse hinein, und schon wird es merklich stiller. Das ist erstaunlich. Diese kleine, mittelalterliche Gasse mit ihren gedrungenen mehrstöckigen Häusern hat selbst bei Großereignissen in der Stadt eine andere Taktzahl. Der Lärm der Umgebung ist nicht verschwunden, aber er ist nur noch wie ein langer, grauer, rauschender Schleier spürbar.

Eine Gasse mit gemächlicher Verhaltenheit. Rechts in ihr führen lang gezogene Stufen schräg nach oben, links nehmen wir Kopfsteinpflaster wahr, das ohne Unterberechungen einen stufenfreien Weg sichert. Bereits im 17. Jahrhundert soll die Stadt durchgehend kopfsteingepflasterte Straßen und Plätze aus Feuersteinen und Kieseln gehabt haben. Und an beiden Seiten befinden sich kleine, relativ niedrige mehrstöckige Häuser mit Spitzdächern und Terrassen, die – ein kurzer Blick auf die Torbögen und die Türstürze wird es zeigen – zu großen Teilen die Geschichte der Stadt konservieren. Buchstäblich jedes Haus ist Bestandteil der Zürcher politischen und kulturellen Geschichte.

Das ganze Oberdorf war bis ins frühe 19. Jahrhundert ein Handwerkerzentrum, in dem es recht laut zuging, das also nicht die manchmal geradezu anämische Zurückgezogenheit vermittelte, die der Besucher heute wahrnimmt.

Schon der erste Blick nach oben zeigt uns – einen Papagei. Über der Tür der Trittligasse 2 hockt natürlich kein echter, sondern ein modellierter, bunter, den erst das 20. Jahrhundert dort hat landen lassen. Aber er sitzt zu Recht dort, denn das Haus, das er bewacht, heißt «Sitkust». Der Name kommt – so berichtet es der Buchhändler Heinrich Fries in seinem umfassenden Werk über das Oberdorf – von «psittacus», Papagei oder Sittich. Warum es so heißt – wer weiß es? Vermutlich hatte der Chorherr Jacobus Rufus († 1321), der erste urkundlich erwähnte Besitzer, so einen. Das wäre noch eine schöne Geschichte, wie der Sittich zum Rufus kam ...

Für seine frühen Bewohner war der Sitkust kein wirklich guter Ort. Das Haus wurde zwar zum eigentlichen Kraftzentrum städtischer Politik, aber seine Besitzer haben dafür teuer zahlen müssen.

Heinrich Schüpfer und sein Sohn Rudolf waren Gegner des machtgierigen Bürgermeisters Rudolf Brun, einer Renaissance-Gestalt, wie sie der Schweizer Schriftsteller Conrad Ferdinand Meyer mit Jürg Jenatsch in seinem gleichnamigen historischen Roman skizziert. 1350 wurden die Schüpfers mit 26 anderen in der «Zürcher Blutnacht» erschlagen. Und auch ein Nachbewohner, der nicht minder machtgierige Bürgermeister Hans Waldmann, wurde 1489 um einen Kopf kürzer gemacht. Er hatte Zürich mit harter Hand regiert und, wie man so schön sagt, in Saus und Braus gelebt. Als er anwies, der Landbevölkerung sollten die größeren Hunde getötet werden, weil sie der Jagd schadeten, brachte dies das Fass zum Überlaufen. Ein Aufstand war die Folge.

Ein Hinweisschild in Höhe des ersten Stocks auf der Seite der Oberdorfstrasse verweist auf Waldmann, nennt auch seinen Todestag, aber nicht die Ursache. Schamhaft verschweigen die Zürcher, dass sie ihrem Bürgermeister den Kopf abschlagen ließen. Als das Waldmannsche Haus nach seinem Tod geräumt wurde, fand man eine Barschaft von rund 30 000 Gulden, über 800 Eimer Wein (ca. 32 000 Liter!), 500 Säcke Hafer, mehr als 70 Stück Silbergeschirr und eine Menge kostbarer Kleider – schlechte Karten für einen, der seine Umwelt zu Maß und zum Sparen anhielt ...

Während wir langsam weiter aufwärts steigen, denken wir an den Wein und fragen uns nicht lange, was Stadt und Bürger wohl damit angefangen haben mögen. Die Stadt wurde vor der Reformation und nur wenige Jahrzehnte nach diesen Ereignissen zu Teilen nach konsularischem Vorbild Roms von halbjährlich oder jährlich wechselnden Bürgermeistern regiert, und das eine oder andere Gelage zu öffentlichem Nutzen mag auch dabei gewesen sein.

Wir ahnen aber auch, dass die heute stille, ruhige Trittligasse nicht immer so still und ruhig gewesen sein mag. Ein Bevölkerungsverzeichnis von 1637 verzeichnet allein für das neben dem «Sitkust» stehende Haus «Distelfink» (Trittligasse 4) die Haushaltungsvorstände Jacob Meyer und seine Frau Anna Trippel, dazu drei Kinder, mehrere Dienstboten, weiterhin Jacob Ringger und sein Weib und vier Kinder sowie die Tischgängerin Anna Frymann, eine Witwe, die dort gegen Entgelt mit ihrer 16-jährigen Tochter Anna mitessen und -wohnen konnte; zuoberst im Haus den Gantknecht Felix Bleuwiler mit seiner Frau Dorothea Schwytzer sowie zwei Kinder und eine alte Witwe als Tischgängerin. Und damit nicht genug: Im mittleren Zwischenstock logierte J. Susanna Ziegler, eine «alte gestandene Tochter».

Wir treten ein wenig zurück, um uns das recht schmale Haus genauer anzusehen, die dicht übereinander liegenden kleinen Fenster, die darauf hindeuten, dass es drinnen von Stockwerk zu Stockwerk recht niedrig sein muss, die damals sicher meist kleinen Zimmer – langer Worte, kurzer Sinn: ein viertel hundert Menschen wuchs hier auf, arbeitete, lebte, vermehrte sich und starb – und hinter dem Haus, nur wenige Meter entfernt, lag ein «Ehgraben», eine Abfallrinne, die nach städtischer Anordnung so breit sein musste, dass sich ein «jähriges» Schwein darin drehen konnte. Stimmt, in der mittelalterlichen Stadt hielten die Bewohner auch ihre Haustiere, und ohne dass uns der heutige Zustand des Ortes dazu Anlass gäbe, ahnt man, dass ein Komposthaufen verglichen mit den damaligen Gerüchen noch wohlriechend sein dürfte. Da sind wir dann doch froh, nicht im Mittelalter gelebt zu haben.

Das führt, während wir langsam weiter bergauf gehen, zu einer anderen Erinnerung. Rund zehn, zwölf Jahre mag es her sein, dass der Zürcher Publizist Martin Dreyfus, sozusagen das literarische Gedächtnis der Stadt, eine seiner beliebten literarischen Führungen veranstaltete. Für ein paar Freunde hatte er das Oberdorf ausgewählt. Es war kalt, 2. Januar, es hatte geschneit, und alle hatten sich recht in Pullover, Schals, Hüte, Mützen und Mäntel eingepackt. Vor einem Haus aus dem 15. Jahrhundert, dem «Kleinen Friesenberg» (Trittligasse 6), blieb Dreyfus stehen und berichtete, hier habe der Schriftsteller Robert Walser eine kurze Zeit gelebt, damals 26 Jahre alt und als Angestellter tätig.

Glücklich war er hier wohl nicht gewesen, denn es ist von ihm ein trübsinniger Brief aus dem Jahre 1904 überliefert, den er aus der Trittligasse an seine Schwester schrieb. Und während Martin Dreyfus dies berichtete und Reminiszenzen Walsers an seine Zürcher Zeit vortrug, öffnete sich an diesem kalten Tag die Tür des «Kleinen Friesenberg», eine freundliche Dame trat heraus und lud uns ein, die hintere Seite des Hauses zu besichtigen, über die Walser auch geschrieben hatte. Das war ausnehmend entgegenkommend. Wir stapften durch den dunklen Korridor nach hinten, brachten Kälte ins Haus und standen nach wenigen Schritten wieder hinter dem Haus unter dem Balkon. Wir sahen ein kleines Gartengrundstück mit Rasen, verschiedenem Gebüsch und einem kleinen Baum, am Ende durch eine niedrige Mauer und geduckte Schuppen abgegrenzt. Der Winter machte alles noch etwas trostloser.

Aber es war auch überraschend. Richtung Norden befanden sich hinter den anderen Häusern der Trittligasse verschiedene Gärten, die durch Staketenzäune abgetrennt wurden. Man konnte sich gut vorstellen, wie es im Sommer sein musste – mitten in der lärmigen Stadt ein Refugium der Ruhe, die Stille im Zentrum des Taifuns. Es war, als sei die Zeit stehen geblieben, denn ungefähr so muss es hier bereits im 17. und 18. Jahrhundert ausgesehen haben – alte Stadtpläne deuten es an –, bis zur Stadtmauer hin, die man sich nach Osten in Höhe der Rämistrasse vorstellen darf, Obstbäume, Gemüse, Blumen, Kaninchen-, Schweine- und Hühnerställe; Schrebergärten, bevor der Doktor Schreber ihnen seinen Namen leihen konnte.

Jetzt ist es sommerlich warm und mild, und zumindest von der Winkelwiese am Ende der Trittligasse werden wir einen ungefähren Eindruck davon erhalten, wie ruhig, ländlich und erholsam es im Zentrum von Zürich sein kann.

Neben dem «Kleinen Friesenberg» befindet sich das «Friesenberg». Beide Häuser gehörten einmal zusammen und verdanken ihren Namen dem Zürcher Gelehrten Johannes Fries (1505–1565). Im Parterre ist übrigens das auf privater Initiative basierende Museum Schweizer Hotellerie und Tourismus untergebracht. Wir gehen langsam aufwärts. Über der Gasse breitet sich an diesem Sommermorgen gleißend blauer Himmel aus, aber nur so schmal, wie die Dachfirste der schlanken Gasse es erlauben. Und die Sonne findet wohl nur das Pflaster, wenn sie sommers zu Mittag senkrecht über der Gasse steht. Dennoch ist es nicht halbdunkel, sondern recht licht.

Links von uns öffnet sich ein kleiner Platz, von dem in die gleiche Richtung eine weitere Gasse wegführt, die Neustadtgasse. Und nachdem wir einen kurzen, neugierigen Blick in die Fenster der an der Ecke befindlichen Kunstgalerie geworfen haben, gehen wir in die Neustadtgasse hinein, und zwar bis zur Frankengasse. Offensichtlich ist die Neustadtgasse ein besonders illustrer Träger Zürcher Geschichte. Häufig – so berichtet der bereits vorgestellte Heinrich Fries – bekommt sie noch von kanadischen Mennoniten Besuch, die Frauen mit weißen Häubchen, denn in der Neustadtgasse war offensichtlich eines der Zentren der Wiedertäuferbewegung. Ehemalige Weggefährten des in Zürich amtierenden Reformators Zwingli begannen mit der Taufe von Erwachsenen als besonderes Glaubensbekenntnis. Einigen von ihnen ist die Treue zu ihrem Glauben allerdings nicht gut bekommen, denn zu Beginn des 16. Jahrhunderts wurden sie verurteilt und in der Limmat ertränkt, andere am Grüninger Kirchturm, knapp 30 Kilometer östlich, eingekerkert. Auch das ist eine Seite der Zürcher Reformation.

An der Frankengasse begrenzt ein Mäuerchen den kleinen Platz, und hier sehen wir den Klausbrunnen. Der Brunnen selbst ist schon jahrhundertealt, die Brunnenfigur des Bildhauers Arnold Hünerwadel aber erst seit 1910 vorhanden. Dieser Klaus (wer auch immer er gewesen sein mag) hat schon einen schreienden Jungen in seinen Sack gesteckt und zwei andere festgeklemmt. Nicht gerade erfreulich. Angeblich soll das Sujet freche Buben davon abhalten, am Brunnen zu spielen und in der Folge hineinzufallen. Wahrscheinlicher ist, dass sich Hünerwadel vom «Kindlifresser»-Brunnen in Bern inspirieren ließ – ebenfalls kein besonders hübsches Sujet.

Umso erfreulicher ist der Blick von hier über die Dächer der Stadt bis hin auf die andere Seeseite. Das Mitteilungsblatt der Stadt Zürich, das inzwischen wöchentlich erscheinende «Tagblatt», berichtet, eine Touristin habe bei einem Altstadtbesuch ihrer Freundin zugeflüstert: «Man steht ja mittendrin in einer Postkarte ...» Das ist so. Man kann hier auch eine Stunde stehen und wird je länger je mehr wahrnehmen, wie zutiefst dörflich und mediäval der Kern der Stadt geblieben ist.

Rehgässchen
oder Probleme eines Feuerwehrmannes

Wir möchten noch einmal ein Gefühl für das Leben in vergangenen Jahrhunderten bekommen. Wie schief waren die Häuser, wie eng die Gassen? Welche Geräusche hat es gegeben?

Vom Hauptbahnhof fahren wir mit dem Tram 3 Richtung Klusplatz und steigen schon zwei Stationen später wieder aus. Unweit der Haltestelle Neumarkt begeben wir uns nur kurz in die gleichnamige Straße (stadtauswärts gesehen rechts), verlassen diese jedoch gleich links in die Obmannamtsgasse. Bereits nach einigen wenigen Schritten kommen wir zu einem kleinen, unscheinbaren Platz. Der Susanna-Gossweiler-Platz ist keiner sehr prominenten, jedoch einer wichtigen Frau gewidmet. Susanna Gossweiler lebte im 18. Jahrhundert und war zwischen 1774 und 1793 die erste Lehrerin an der Zürcher Töchterschule.

Wir setzen uns auf die Bank und überlegen, wie merkwürdig es ist, in unserer Zeit der Gleichstellung von Mann und Frau zurückzudenken in die Vergangenheit. Von unserer Bank aus sehen wir die Rückseite des stattlichen Gebäudes des Obergerichtes und die Staatskellerei. Es ist reizvoll sich vorzustellen, wie viele Weinflaschen ganz in unserer Nähe darauf warten, getrunken zu werden, Weine ausschließlich aus dem Kanton Zürich, der erstaunlicherweise schon immer eine der größten Weinbaugegenden der Schweiz darstellt. Inzwischen ist auch die Qualität der hiesigen Weine dahingehend verbessert, dass wir unseren Gästen aus anderen Ländern nicht mehr nur Weißwein kredenzen, sondern ihnen auch einen Rotwein von den Gestaden des Zürichsees anbieten können. Doch leider ist die Vorstellung vom vielen Wein in der Nähe pure Phantasie – vor einigen Jahren hat die Staatskellerei den Wein ausgelagert. Die Gerichtsbarkeit brauchte mehr Platz.

Ein ganz winziges Gässchen ohne Namen führt vom Platz eng zwischen Häusern hindurch, und plötzlich stehen wir auf dem Neumarkt gegenüber dem gleichnamigen Zunfthaus und dem Theater. Jetzt sehen wir auch, dass unser «Durchschlupf» sehr wohl einen Namen trägt: Rehgässchen. Ein niedlicher Name, der jedoch auf keiner Visitenkarte auftauchen wird, da kein einziger Hauseingang zu finden ist.

Wir stehen am schmuckvollen Brunnen des Neumarktes, und drei Möglichkeiten des Weitergehens stehen uns offen: zuerst links die Spiegelgasse. An dieser malerischen Gasse im Haus Nummer 12 lebte Georg Büchner, der hier seine Dramen «Woyzeck» und

«Dantons Tod» schrieb. Gleich daneben in der Nummer 14 wohnte von 1914 bis 1917 Wladimir I. Lenin, der sich hier auf seine revolutionäre Karriere in Russland vorbereitete. Ebenfalls an der Spiegelgasse, und zwar an der Nummer 1, ist am 5. Februar 1916 im Cabaret Voltaire der Dadaismus entstanden. Inwischen hat er hier (mit großzügiger Förderung mehrerer Konzerne) wieder sein Domizil und sorgt ab und zu für geistigen Aufruhr in der Stadt.

Lohnend ist auch ein Besuch im Laden der Nummer 29. «Medieval» ist ein Ort der Kultur des Mittelalters und des Orients. Bücher, CDs und kleine Trouvaillen entführen uns in entfernte Welten, und der Besitzer meint, im deutschsprachigen Raum das einzige Geschäft mit einem solchen Angebot zu haben. In die relativ breite Gasse, die Rindermarkt heißt, schnuppern wir nur kurz hinein. Im Mittelalter war hier das jüdische Viertel. Die Froschaugasse hieß Judengasse, und heute gibt es seit kurzem wieder eine Synagogengasse. Zu sehen gibt es aus der jüdischen Vergangenheit für uns nichts mehr. Ein vom damaligen Bürgermeister Rudolf Brun angezetteltes Pogrom im 15. Jahrhundert hat schon damals alle Spuren verwischt. Einzig Archäologen werden bei etwaigen Umbauten fündig. Die jüdische Bevölkerung der Stadt lebt seit dem 19. Jahrhundert in den Stadtquartieren Enge und Wiedikon.

Sofort in der Jetztzeit und geistig auf anderen Kontinenten ist der Flaneur am Rindermarkt 20. Seit Jahrzehnten befindet sich hier der «Travel Book Shop»; sicherlich die älteste Buchhandlung im deutschsprachigen Raum für die Bedürfnisse von Reiseverrückten.

Wieder zurück zum Brunnen am Neumarkt und zur Tür des Hauses Neumarkt 4 hinein. Nicht, dass draußen das brüllende Leben herrschte – es ist jedoch faszinierend, wie leicht wir in eine andere Welt tauchen können. Das «Haus zum Rech» ist nicht nur ein bemerkenswerter mittelalterlicher Bau, der uns zeigt, wie früher gelebt wurde, sondern beherbergt heute auch das Baugeschichtliche Archiv der Stadt Zürich, das uns auch für dieses Buch viel Hilfe geleistet hat.

Das Herz des Hauses besteht aus einem Modell der Stadt Zürich um 1800. In der Form eines Oktaeders breitet sich das Panorama vor uns aus. Wir suchen Häuser und Plätze, die es heute noch gibt. In der eigentlichen Innenstadt sind es natürlich viele. Interessant sind die Ränder. Da – das schöne Haus an der Kreuzbühlstrasse, damals ganz einsam allein vor der Stadt. Hier – der Mühlebach, heute nur noch eine Straße gleichen Namens.

Wir setzen uns hin, lassen die Ausstrahlung dieses alten Hauses auf uns wirken und stellen uns vor, wie viele Menschen unter diesem Dach über die Jahrhunderte gelebt haben mögen, wie laut es sicherlich damals war, und wie ruhig, selten «gestört» durch andere Besucher oder Archiv-Mitarbeiter, es heutzutage doch ist.

Erinnerungen an die Großeltern des Einheimischen unter uns dreien werden geweckt durch die Ausstellung über Genossenschaftsbauten in der Stadt. Eine Fotografie aus dem Jahr 1924 zeigt das Haus, in dem sie jahrzehntelang lebten, in Wiedikon, direkt am Jüdischen Friedhof. Die Erinnerung daran, wie die Hecke zum Friedhof durch kindliche Feuerspiele in

Brand geriet, und dies neben einem Gartenhäuschen, in dem allerlei Chemikalien gelagert waren – spannend natürlich der Einsatz der Feuerwehr ...

Erstaunlich ist übrigens die Tatsache, dass ein Drittel aller Wohnungen Zürichs im Besitz von Genossenschaften und weiteren gemeinnützigen Institutionen ist und sie damit einen wichtigen Beitrag zur sozialen Durchmischung der Stadt leisten.

Nun wandern wir über den schönen, jedoch relativ belebten Neumarkt zurück zur gleichnamigen Haltestelle, erfreuen uns an den Schaufenstern der Läden, die noch nicht das übliche Angebot aller internationalen Einkaufsstraßen feilhalten, und stehen erstaunt vor dem Haus Nummer 17. Dort ist seit mehr als 40 Jahren ein Domizil der Welt des zeitgenössischen Designs. Kaum sind wir durch die Glastür eingetreten, beginnt schon die Qual der Wahl: Treppe nach oben, Treppe nach unten, links oder rechts? Labyrinthisch geht es auf und ab, durch enge, kleine Gänge, dann wieder durch größere Räume. Ein Raum ist offen vom Keller bis zum Dach. Unten glitzert Wasser, und wir bewegen uns auf Stahltreppen leichtfüßig durch diesen Hausteil. Und das Auge kann sich erfreuen an «schönen Dingen».

Wir haben noch nicht genug gesehen und Vergangenheit geschnuppert und gehen gleich danach in die kleine Predigergasse hinein. Schemenhaft huschen unsere Gedanken: ideal zum Bummeln, nie ein Auto zu sehen; schrecklich die Vorstellung eines Hausbrandes an dieser Gasse; froh darüber, dass dieses Problem sicherlich den Feuerwehrmännern der Stadt bekannt sein dürfte.

Am Ende der Predigergasse sind wir wieder in der Welt. Der Zähringerplatz ist einer der wenigen Plätze der Zürcher Altstadt, auf dem Autos parken dürfen. Die schönen Bäume auf dem Platz helfen, dass dem Auge nicht zu viel Schmerz zugefügt wird. Zentralbibliothek und Predigerkirche sind die beiden dominanten Gebäude hier. Die Kirche ist wie die meisten Kirchen der Stadt geöffnet. Wir treten ein, und ein freundlich strahlendes Kircheninneres empfängt uns. Der Innenraum ist kürzlich renoviert worden. Erstaunlich ist, dass Decke und Wände nicht neu bemalt werden mussten, sondern das «Strahlen» allein durch die Reinigung wieder hergestellt wurde.

Die Kirche geht auf einen Urbau aus dem Jahre 1231 durch die Dominikaner zurück, die jetzige Form im frühbarocken Stil entstand im 17. Jahrhundert. Die heutige Predigerkirche knüpft in ihrem Selbstverständnis ans Erbe ihrer Gründer an. Sie versteht sich als *auberge spirituelle* und baut ihre Arbeit auf dem Prinzip der Gastfreundschaft auf. Und wir nehmen diese freudig an, setzen uns, lassen Gedanken schweifen, gehen in uns. Die Möglichkeit zu Gesprächen bietet sich unter der Woche jeden Tag von 14 bis 18 Uhr durch Menschen der Ökumenischen Seelsorge.

Seelisch gestärkt verlassen wir diesen stillen Ort, und als Abwechslung zur Predigergasse bewegen sich unsere Füße links durch die enge Chorgasse zurück zum Neumarkt – vor unserem geistigen Auge der aufmerksame Feuerwehrmann.

Oberdorf
oder erste Schritte in die Vergangenheit

Wir erschließen uns das Oberdorf auf einem etwas verschlungenen Weg. Es geht mit den Trams 5, 8 oder 9 vom Bellevue bis zum Heimplatz, wo sich auch das berühmte Zürcher Schauspielhaus befindet. Von dort laufen wir am nicht minder berühmten Zürcher Kunsthaus (siehe Seite 21) vorbei (genau genommen gehen wir zwischen Kunsthaus und Restaurant Kunsthaus hindurch); kommen auf dem Weg am Haus zum Hirschengraben vorbei und haben dann einen Blick auf die Kirchgasse. Wir überqueren die Straße Hirschengraben und halten uns links, hin zur Winkelwiese.

Wir landen im 19. Jahrhundert, auch wenn wir es nicht sofort merken. Hier endete im ausgehenden Mittelalter die Stadt und begann ein weites Feld, die Winkelwiese, die sich bis zum Hirschengraben hinzog. Von hier hatte man wohl einen wunderbaren

Blick, nachdem in den Dreißigern des 19. Jahrhunderts die mittelalterlichen Festungswerke eingerissen worden waren. Rechts sehen wir die Villa Tobler.

Die Villa wurde zwischen 1852 und 1855 vom Bankier Ernst Tobler-Finsler errichtet, dann aber um die darauf folgende Jahrhundertwende vollständig umgebaut und in den heutigen Zustand gebracht. Links neben dem Haupteingang, der noch die ganze Pracht und Kutschenremisenherrlichkeit des 19. Jahrhunderts ausstrahlt, befindet sich ein etwas unauffälligerer Eingang mit einem kleinen Schild der Denkmalspflege. Der Garten ist öffentlich.

Also rein. Wer von der Vorderseite und durch den Garten um das ganze Haus herumschlendert, wird sehen, dass der Umbau völlig im Banne des Jugendstils erfolgte. Jetzt sind dort das Theater an der Winkelwiese und die Verwaltung des Zürcher Kunsthauses untergebracht.

Wir umrunden das Haus. Der kleine, fast verwunschen wirkende Garten ist ein Ruhepunkt besonderer Art. Hinter dem Haus steht eine gewaltige Buche, und dort, wo der Garten durch Trittligasse und die Winkelwiese begrenzt wird, hat man eine angenehme, gepflegte und unaufdringliche Gartenarchitektur geschaffen, in der der Mensch kontemplativ seinen Gedanken nachgehen, in Ruhe lesen oder sein Mittagssandwich essen kann. Wir erkennen in der abwechslungsreichen Bepflanzung Christrosen, Buschwindröschen, Walderdbeeren, Fingerhut, Nelken und Alpenveilchen.

Dann schlendern wir aus dem hinteren Tor wieder heraus, landen auf der Trittligasse, halten uns aber gleich wieder links in Richtung der anderen «moderneren» Häuser und gehen in die Sackgasse der Winkelwiese. Das erste Haus, das wir rechts sehen (Winkelwiese 6), «Zum Belvedere», ist ein weißer, schön proportionierter spätklassizistischer Bau, der 1842 errichtet wurde und dessen Name von der schönen Aussicht herrührt, die sich für die Bewohner in Richtung Altstadt und See bis heute bietet. Daran hat sich in rund 170 Jahren wohl nichts geändert. Ein kleines Schild erinnert daran, dass hier die Schriftstellerin Laure Wyss lebte, der die Schweizer Publizistik viele Impulse verdankt.

Weiter hinten sehen wir das Haus «Zur neuen Schönau» (Winkelwiese 10), das nicht so recht in die Gegend zu passen scheint. Es ist zwar im Stil Altzürcher Giebelhäuser entstanden, zeigt aber doch, dass der Geist des Bauhauses zumindest schemenhaft am Architekten vorbeigeflattert sein muss. Ein Bankdirektor ließ es in den fortschrittsgläubigen Dreißigern des vorigen Jahrhunderts anstelle des klassizistischen Gebäudes, das man nur noch auf alten Stichen bewundern kann, errichten. Jahrzehnte hat hier der überaus beliebte Stadtpräsident (wie der Bürgermeister in Zürich heute bezeichnet wird) Emil Landolt gewohnt.

Wenn wir dann Richtung Stadt und See blicken (wobei wir allerdings nicht viel sehen), fällt uns beim Blick auf das wuchernde Grün auf, dass fast alle Häuser der Trittligasse mit gerader Hausnummer ihren eigenen Garten hinter dem Haus haben – ein Privileg, dessen sich nicht viele Menschen im Zentrum einer Stadt rühmen können. Das haben wir aber bei einem anderen Spaziergang schon einmal bewundern dürfen.

Langsam gehen wir wieder aus der Sackgasse und werfen noch einen Blick auf den ebenfalls klassizistischen Bau «Zum Freiberg» (Winkelwiese 5). Dieses Haus war offensichtlich das erste, das hier gebaut wurde (1836), und muss eine traumhafte Aussicht auf das Zürcher Hinterland in Richtung Fluntern geboten haben. Noch zu Beginn des 20. Jahrhunderts war das Gebäude eng mit der Gegend verbunden, denn der erste Direktor des Zürcher Kunsthauses, Wilhelm Wartmann, wohnte in ihm. Heute blickt man auf die Häuserreihe vom Hirschengraben und auf die wohl befahrenste Kreuzung Zürichs.

Am «Freiberg» zeigt sich fast beispielhaft die Ambivalenz einer ganzen Epoche Zürcher Wohntypen. Häufig trifft man vor allem in den früheren Vororten Fluntern, Hottingen oder Seefeld beeindruckende Villen an, die die Zeitläufte auf ihre Weise abbilden: klassizistische, dann wieder im Chalet-Stil oder auch wie Trutzburgen gestaltete großbürgerliche Villen, meist mit großen und weitläufigen landschaftlichen Fluchten englischen Gepräges umgeben.

In einer ersten Wechselphase wurden in den Villen mehrere komfortable Wohnungen geschaffen, dann schlug wahrscheinlich die Erbteilung im Clan zu – die Grundstücke wurden kleiner; der Sohn hatte bereits selbst gebaut und wollte die Hypothek loswerden –, und schließlich wurden die Häuser an Finanzfirmen oder Versicherungen verkauft, die die Gebäude teilweise gleich ganz abrissen und anstelle dessen Stockwerkeigentum in kubischen Siedlungen errichteten, die das architektonische Gesicht des ausgehenden 20. Jahrhunderts zu sein scheinen. Den «Freiberg» hat dieses Schicksal nicht ereilt, aber der Garten musste sicher daran glauben; von ihm ist nur ein «Hundeversäuberungsplatz» geblieben, der von unserem Beagle mit großem Interesse beschnuppert wird.

Wir bewegen uns wieder links, stadteinwärts, in die Trittligasse hinein und wandern langsam abwärts. Das ist ja wirklich ein kurzer Weg durch die Jahrhunderte: am Heimplatz noch in der Gegenwart, mit der Winkelwiese im 19. Jahrhundert und jetzt wieder im Mittelalter. Mit dem «Goldenen Lämmlein» (Trittligasse 34) treffen wir auf die erste prominente Reminiszenz. Hier befand sich offensichtlich ein Residuum der Beginen, jener weiblichen religiösen Gemeinschaften, die es seit dem 12. Jahrhundert gab und die von Klerus und Ordensgemeinschaften kritisch beäugt wurden.

Wir lesen verwundert die Namen der Häuser, die auf den Türstürzen stehen. Wir laufen vom «Goldenen Lämmlein» über den «Rosenkranz», das «Rehböckli», die «Alte Burg», den «Ellstecken», den «Sonnenzirkel», den «Sonnenberg», die «Drei Rosen», die «Rote Rose», die «Hoffnung» bis zur «Schwarzen Linde».

Doch halt – das «Rehböckli» (Trittligasse 26). Es wirkt machtvoll und ist ebenfalls eng mit der Schweizer Geschichte verbunden, denn dort wohnte Johannes Stumpf (1500–1577/78), der erstmals die Schweizer Landesgeschichte aufschrieb. Die sogenannte Stumpf-Chronik von 1547 wurde gleich um die Ecke beim Drucker Froschauer gedruckt und besticht bis heute durch ihre Akribie und die 4000 Holzschnitte.

Stumpf scheint eine in jedem Fall ungewöhnliche Gestalt gewesen zu sein. Seine Kindheit verbrachte er als Schafhirte im Süddeutschen, und er war ein Freund des Reformators Zwingli, im Gegensatz zu jenem aber ein Träger eines langen Rauschebarts. Man kann sich gut vorstellen, wie Meister Stumpf mit wallendem Bart, langer schwarzer Kutte und seinem Beret auf dem Kopf durch diese Gassen lief, die sich seit dem 15. Jahrhundert äußerlich nicht mehr groß verändert haben – durch Trittligasse, Neustadtgasse und Rindermarkt zur Froschaugasse, um sich dort bei seinem Drucker die Resultate der Druckbögen anzusehen. Hier musste er einem Handwerker mit seinem Karren ausweichen, dort Mägden, die mit Wassereimern vom Brunnen heimkehrten.

Aber ach, zwar ist die Vorstellung stark, doch so ist es nicht gewesen. Als Stumpf in den Sechzigern des 16. Jahrhunderts in die Trittligasse zog, war seine Chronik schon seit fast zwei Jahrzehnten gedruckt ...

Aber wir sind Stumpf jetzt nicht nur geistig gefolgt, und das bis zum Rindermarkt; völlig erschöpft von der Macht der Geschichte ziehen wir uns in die «Öpfelchammer» zurück. Oje, damit kommen wir nur vom Regen in die Traufe – schon wieder ein geschichtsträchtiger Ort. Der Zürcher «Nationalschriftsteller» Gottfried Keller hat sich hier angeblich regelmäßig seine Räusche angetrunken. Während wir uns bei einem Glas Wein erholen, wird uns bewusst, wie sehr das Große und das Kleine, das Bedeutende und das Profane, die Geschichte und ein Stück der Zukunft in Zürich ein einzigartiges Bündnis auf kleinem Platze eingegangen sind.

Schanzengraben
oder venezianische Impressionen

Unser Spaziergang durch den Schanzengraben hat einen dankbaren Anfang, nämlich den Zürichsee. Als Ausgangspunkt nehmen wir die Bürkliterrassen. Sie sind in fünf Minuten vom Bellevue-Platz aus erreicht, wenn man immer der Seeseite entlang über die Quaibrücke in Richtung Bürkliplatz läuft. Man erkennt sie an dem nackten, jungen, schwarz-grünen Mann aus oxidierter Bronze, der dort seit 1952 steht, neben ihm ein Adler. Es ist die Skulptur des Schweizer Bildhauers Hermann Hubacher (1885–1976) und zeigt die «Entführung *in* den Olymp»: Der griechische Göttervater Zeus (in Gestalt des Adlers und in Fragen der Sexualität alles andere als nur nach einer Seite offen) kidnappt seinen schönen Geliebten Ganymed.

Man kann nur darüber staunen, dass der eher konservative Zürcher Publikumsgeschmack dieses homoerotische Sujet mehr schätzte als die Löwen aus dem 19. Jahrhundert, die vorher dort gestanden haben müssen.

Sommers ist diese Gegend weder still noch im entferntesten ruhig, sondern einer der lautesten Orte der Stadt, wo samstags auf dem Bürkliplatz ein riesiger Flohmarkt stattfindet und während der Love Parade das gesamte Seebecken (der See ist immerhin rund 35 Kilometer lang) unter dem Wummern der Lautsprecherboxen erzittert.

Hier ergeben wir uns mit Gewinn – Lärm hin, Krach her – der Seebetrachtung. Bei gutem Wetter hat man nämlich einen geradezu unglaublichen Alpenblick (ein Schild informiert auch darüber, welche Gipfel gesehen werden), bei schlechtem immerhin noch den See vor sich und mit ihm ein weites Firmament, das mit allen Facetten der Himmels- und Wolkenfarben zu faszinieren vermag.

Dann gehen wir seeseits weiter, wechseln dort, wo offensichtlich ein Kanal in den Zürichsee mündet, die Straßenseite, nehmen ein paar Schritte rund zwei Meter unter Straßenniveau treppab und gehen den Kanal entlang – der Schanzengraben ist erreicht.

Vorgewarnt und vorausgeschickt werden muss, dass es auch hier nur ganz selten wirklich still werden wird, aber es ist merklich ruhiger und zudem wenig besucht, weil auch nur wenige Zürcher (außer den Bankern aus der City, die hier hastig ihr Mittagssandwich verdrücken) diesen Ort kennen.

Jetzt, nahe dem General-Guisan-Quai, macht der Weg noch nicht viel her. Und das Gewässer wirkt eher wie ein Industriekanal. Sollten venezianische Eindrücke aufkommen, sind sie zwinglianisch geläutert. Ein schmaler, betonierter Weg führt links entlang eines vielleicht zwanzig Meter breiten Kanals, an dessen Seiten jede Menge Motorboote, mit Planen abgedeckt und bereit für das Wochenendvergnügen, angedockt sind. Es riecht nach Wasser und leicht brackig.

Auf der anderen, rechten Seite des Kanals sehen wir eine hübsche, altmodisch wirkende Parkanlage, einen runden Pavillon und eine klassizistische, klar gegliederte Häuserzeile, von der eine kleine, gebogene Fußgängerbrücke auf unsere, die linke Seite führt und uns überwölbt. Das alles gehört zum berühmten Hotel «Baur au Lac» und seinem Restaurant. Als die alten Wehrschanzen der mittelalterlichen Stadt geschleift und die Reste von Ziegeln und Erde in den See geschüttet wurden, bildete sich ein weites Plateau mit einer außerordentlichen Sicht auf See und Berge.

Der Hotelier Johannes Baur erkannte die Zeichen der Zeit und errichtete hier 1844 sein Hotel. Richard Wagner hat hier den ersten Akt seiner «Walküre» gesungen und sich von Franz Liszt am Klavier begleiten lassen. Es muss recht komisch geklungen haben, wie der Meister nach eigener Phantasie Urgermanisches mit sächsischem Akzent vortrug. Im Buch von Udo Bermbach über Richard Wagner (s. Bibliographie) ist ein Aquarell abgebildet, das zeigt, wie es damals ausgesehen haben muss: ein kleiner Garten vor dem Hotel, und dann fing schon der See an. Kaiserin Elisabeth («Sissy») und Wilhelm II. übernachteten hier. Hier mag die *Belle Epoque* wirklich schön gewesen sein.

Die linke Seite wirkt eindeutig profaner. Erst einmal sehen wir einen dieser relativ gesichtslosen, mehrstöckigen Büroriegel, die möglichst viele Angestelltenschreibtische aufzunehmen haben. Er gehört zur SUVA, der Schweizer Unfallversicherung. Eine dazugehörige Skulptur, auf einem rund zehn Meter hohen Pfeiler positioniert, ist schwer zu erkennen.

Die nächste Brücke, die Dreikönigsbrücke, gehört zur Börsenstrasse. Und eigentlich fing früher erst hier die alte Stadt Zürich an. Wir sind also bisher im übertragenen Sinne auf dem Wasser gewandelt – aber das hat bisher (am See Genezareth; Markus 6: 45–52) nur einer gekonnt. Das «Baur au Lac» steht dort, wo früher der Zürcher Kriegshafen war. Die edlen Zürcher Herren hielten sich nämlich sogar eine kleine Kriegsflotte.

Nach diesen Stichworten mögen Leserin und Leser ahnen, was der Schanzengraben ursächlich war: ein Teil der damals modernsten Schanzanlagen und Bastionen im Südwesten der Stadt. Kräftige Mauern, Wehrgänge und tief gelagerte Kasematten umgaben die Siedlung, und mehr als einmal sind den Zürchern ihre zum Selbstschutz gebauten Pulvertürme um die Ohren geflogen. Der Dreißigjährige Krieg (1618–1648) mit seinen geradezu apokalyptischen Katastrophen trieb die Stadtväter dazu, die Wehranlagen zum Schutz des Ortes zu verbessern. Das ganze 17. Jahrhundert über wurde an ihnen gewerkelt. Das frühe 19. Jahrhundert hatte diese Art der Kriegsarchitektur allerdings längst überflüssig gemacht, sie verhinderte zudem die Entwicklung der Stadt. Also wurden die Mauern abgetragen und Reste – wie geschildert – in den See geworfen. Webereien und Tuchfabriken siedelten sich an, und mehr als nur ein Stadtbürger baute dort sein Domizil.

Davon ist heute nicht mehr viel übrig. Nachdem wir die Dreikönigsbrücke hinter uns gelassen haben, sehen wir rechts zwei fünfstöckige Büroblöcke, die zur ehemaligen Börse gehören; sie besitzen die schüttere Ambiance der Zwanzigerjahre des letzten Jahrhunderts.

Neben dem fast obligatorischen Geruchsgemisch von Wasser und Algen liegt über allem ein leichtes, graues Rauschen des Autoverkehrs, das uns daran erinnert, dass wir uns nicht an einem einsamen Binnenkanal, sondern mitten in der Stadt befinden.

Bei der nächsten Brücke, am Bleicherweg, steigen wir zur Straße hoch, weil der Weg des Schanzengrabens rechtsseitig weitergeführt wird. Ein kurzer Blick Richtung Paradeplatz, dem Finanzzentrum der Stadt – wir erinnern uns, dass dort im Mittelalter vor den Mauern der Stadt der Saumarkt war, verkneifen uns ein Lächeln und gehen wieder treppab auf den tiefer gelegenen Weg des Schanzengrabens.

Rechts sehen wir jetzt alte, klassizistische Villen und ahnen, wie im 19. Jahrhundert die ganze Gegend ausgesehen haben muss; Tuch- und Seidenfabrikanten ließen sich hier nieder, nicht weit weg von ihren Manufakturen. Daneben hat natürlich inzwischen auch modernes Bauwesen seinen Platz gefunden. Die Basteigasse führt uns weiter, an einem modernen Brunnen vorbei. Hier befand sich eine der ganz großen Schanzanlagen, die Bastei – aber nichts sieht man mehr. Alles wurde abgetragen und in den See geschüttet: *o tempora o mores* (welche Zeiten, welche Sitten).

Wir schlendern den Weg entlang, am Schulhaus Schanzengraben vorbei – man erkennt es an den eingezäunten Sportplätzen –, und genießen das klare Wasser, die angenehme spätsommerliche Atmosphäre und die Ruhe, die dieser ganze Spaziergang vermittelt.

An der Selnau-Brücke mit der Pelikanstrasse ist erst einmal Schluss. Wir steigen wieder hoch auf Straßenhöhe und orientieren uns: Rechts geht's ins Stadtzentrum; vor uns (man muss nur über die Straße gehen) ist der alte Botanische Garten. Wir ignorieren das links stehende UBS-Hochhaus und gehen Richtung Garten.

Der Berliner Journalist und Lokalhistoriker Heinz Knoblauch hat einmal treffend formuliert: «Misstraut den Grünanlagen!» Diese in anderem Zusammenhang geäußerte Bemerkung könnte man hier auch machen. Was wir nämlich sehen, sind nicht einfach Gartenensembles auf Hügeln, sondern das machtvollste Stück der mittelalterlichen Wehranlagen, das Bollwerk «Zur Katz». Nachdem die Mauern geschleift worden waren, errichtete man 1834 hier – der Wissenschaftsdrang des 19. Jahrhundert hatte seinen Siegeszug angetreten – den Botanischen Garten.

Wir treten ein, und natürlich fällt uns sofort das Palmenhaus auf. Für Menschen, die mit traditionsreichen botanischen Gärten auf du und du sind, mag es nichts Besonderes sein. Es ist nicht übermäßig groß, und der Typus dieser Bauweise ist von Berlin bis San Francisco anzutreffen. Aber es ist hübsch, passt sich sehr gut in die Gartengestaltung ein und ist auch ein visueller Ruhepunkt. Das oktogonale Gebäude hat hier seinen Platz seit 1851. Heute wird es vorwiegend für Konzerte, Theater oder Ausstellungen benutzt. Anfang dieses Jahrtausends haben wir dort sogar einmal den Dalai Lama wandeln sehen.

Wir gehen weiter. Auf dem höchsten Punkt des Parks liegt der mittelalterliche Kräutergarten zu Ehren des Zürcher Naturforschers und Stadtarztes Conrad Gessner (1516–1565). «Über 50 altbekannte Heilpflanzen», so heißt in einem Stadtführer, «werden vorgestellt und geben einen Einblick in das Heilpflanzenwissen des 16. Jahrhunderts.» Aber so anspruchsvoll wollen wir es gar nicht haben. Uns reicht es, diesen schönen Ort gefunden zu haben.

Tief unter uns befinden sich noch recht viele gut erhaltene Teile der Kasematten; sie sind aber nicht öffentlich zugänglich.

Da unser Forscherdrang jetzt stärker als die innere Ruhe geworden ist, verlassen wir den Garten, gehen die Talstrasse in Richtung Sihlporte und suchen den nächsten Weg zum Schanzengraben zurück. Kurz vor einem großen Eckhaus führt ein kleiner Weg nach links wieder rund zwei Meter tiefer, und plötzlich befinden wir uns auf Holzplanken über dem Wasser und auf einem Wasserwehr. Links führt ein geplankter Weg zur «Männerbadi», die offiziell auch nicht so heißt, sondern «Flussbad Schanzengraben». Aber Volksmund tut insofern Wahrheit kund, als die Badeanstalt nur Männern vorbehalten ist (so wie es in der Limmat am Stadthausquai auch eine «Frauenbadi» gibt).

Außerdem ist der Eintritt gratis. Es ist – versprochen! – eine der schönsten Badeanstalten, die wir kennen, und sie schmiegt sich an die alte Stadtmauer. Außerdem hat man endlich einmal einen kleinen Eindruck davon, wie trutzig die Mauern und Wehre gewesen sein müssen.

Abends ab 19 Uhr ist dann auch Schluss mit der Männertümelei; dann verwandelt sich die Badeanstalt im Sommer bei schönem Wetter in eine Bar, die beiden Geschlechtern offen steht (www.rimini.ch) und sich außerordentlich großer Beliebtheit erfreut.

Wir gehen wieder zurück und folgen weiter dem Schanzengraben. Linkerhand haben wir gleich die nächste Bademöglichkeit, das Hallenbad City. Schön sieht es aus; seine gleißend weißen Außenmauern mit den klaren Linien und den großen Glasfenstern heben sich scharf vom wolkenlosen, tiefblauen Himmel ab. Es ist eins der großen und prominenten Zeugnisse des «Neuen Bauens», einer architektonischen Reformbewegung der Zwanzigerjahre des vorigen Jahrhunderts.

Wir gehen den Schanzengraben weiter, rechts neben uns befinden sich das Gewässer und hinter ihm hoch aufragend die Bank- und Kaufhäuser der Zürcher City. Viele Bänke laden zum Pausieren ein.

Rund 200 Meter weiter sehen wir ein Treppchen, das es uns ermöglicht, zum Theaterhaus Gessnerallee hinaufzugehen, einem der führenden experimentellen Plätze des Zürcher Theaterlebens. Das Theater gehört zu einem Gebäudeensemble, in dem die Schweizer Armee bis in die Achtzigerjahre ihre Rekruten ausbildete.

Aber langsam merken wir, dass unsere Exkursion zu ihrem Ende kommt. Unter der Usteribrücke geht es nicht mehr weiter; der Schanzengraben fließt in die Sihl, und dort, am Ende unseres Wanderwegs, haben wir zwar keinen «freien Blick aufs Mittelmeer» (wie während der Zürcher Jugendunruhen 1980/81 gefordert), aber doch immerhin einen schönen, weiten Blick auf die Sihl und auf die Gebäude des Hauptbahnhofs. Der Fluss verschwindet unter dem Bahnhof und wird später am Platzspitz in die Limmat einmünden. Wir sind beim Judith-Gessner-Platz angelangt, einem für diese Gegend relativ ruhigen Ort, der wirklich zum Erholen einlädt. Auf der anderen Seite, zur Sihl hin, befinden sich lang gezogene Sitzstufen, die Sigi-Feigel-Terrassen (nach dem Präsidenten der Israelitischen Cultusgemeinde Sigi Feigel, 1921–2004, benannt). Man ist hier zwar nicht allein, aber hat allen Platz der Welt, seine Ruhe, das Rauschen des Flusses, und so hat man am Ende bei diesem Spaziergang mehr als nur einen Ort gefunden, an dem man trefflich die Seele baumeln lassen kann.

Die Giacometti-Halle
*oder wo man für Kunst seinen
Ausweis abgeben muss*

Wir sind mitten in der Stadt, der Bahnhof ist nicht weit, Autos tosen vor uns, ein altes Tram quietscht in der Gleiskurve, wieder einmal scheint die Stadt zu klein zu sein für all das, was in ihr passieren soll. Welch ein Lärm!

Doch wir erinnern uns: «Die Polizei, Dein Freund und Helfer!» Sind wir nicht mit diesem Spruch erzogen worden?

Im Amtshaus 1 am Bahnhofquai 3, unweit vom Hauptbahnhof, vom Central und der Rudolf-Brun-Brücke, befindet sich die Stadtpolizei; die jedoch ist an einem besonderen Ort, den wir gern besuchen, weil er ruhig ist und geradezu schizophren.

Wir gehen ein paar Stufen zur Eingangstür hinauf, und bereits hier bemerken wir das besondere Licht, das die außergewöhnliche Farbenpracht der bemalten Decke spendet. Wir treten in den Vorraum ein und gehen an die Empfangsloge, in der ein freundlicher, junger und uniformierter Polizist höflich darum bittet, ihm unsere Ausweise auszuhändigen. Diese bleiben bei ihm, bis wir das Haus wieder verlassen.

Nun gehen wir durch die Glastür und, oh Wunder, hier herrscht Linksverkehr!

Warum wohl? Zur Anregung der Aufmerksamkeit, aus Sicherheitsgründen? Das erfahren wir nicht (ist ja auch egal), wir werden angezogen von der Sattheit der Farben und der Motive in der Halle. Ist Zürich eher zurückhaltend in Form und Farbe, erinnert hier alles an italienische Üppigkeit. Die Kuppeldecken des ehemaligen Waisenhauses der Stadt Zürich wurden in den Zwanzigerjahren durch den Bergeller Künstler Augusto Giacometti und dreier «Gehilfen» im Auftrag der Stadt von ihrer tristen Düsterheit befreit.

Hier bestaunen wir filigrane Ornamente, die fast orientalisch anmuten, sowie Motive, die an den Jugendstil erinnern, als auch sehr gegenständliche, figürliche Motive des Maurers, des Steinhauers, der Zimmerleute, des Magiers und des Astronomen. All dies ist angereichert mit Werkzeugen und mathematisch-naturwissenschaftlichen Formeln, und ist sicherlich auch Abbild der Welt und ihrer Vorstellungen in der Zwischenkriegszeit.

Die kunsthistorische Bedeutung dieser Stätte ist für die Stadt und das ganze Land groß, und alle architektonisch, baugeschichtlich und an Kunst Interessierten kaufen gern den detailreichen kleinen Katalog der Gesellschaft für Schweizerische Kunstgeschichte, der für wenige Franken beim freundlichen Polizisten erhältlich ist. Wir freuen uns einfach daran, diese besondere Oase zu kennen. Hier sind wir in einer völlig anderen Welt, allein die Geschäftigkeit der Polizei erinnert an normalen Alltag; es ist ruhig, die Kunst ist sehr nah und die vielfältige Farbenpracht lässt hoffen, dass die Amtsgeschäfte hier von einem besonderen Geist beseelt sind.

Platzspitz
oder Titanic auf schweizerisch

Wenn wir aus den Eingeweiden des Hauptbahnhofs den wenig frequentierten Ausgang «Landesmuseum» wählen, erblicken wir das eher skurrile Gebäude des Landesmuseums – aussehend wie ein aristokratisches Schloss in diesem republikanischen Land. Es entfacht immer wieder Architekturstreitigkeiten bis zu den extremen Varianten Abriss und Neubau oder Anbau.

Im schönen Innenhof des Gebäudes geben sich im Sommer seit Jahren Weltstars wie Diana Ross und Joe Cocker, Konstantin Wecker und Schweizer Künstler während eines atmosphärisch dichten *openair* ein Stelldichein. Die Konzertreihe «Live at sunset» schafft in stimmungsvoller Kulisse einen intimen Rahmen für kleine Konzerte großer Stars.

Wenn wir aus dem Hof der Limmat entgegengehen, entdecken wir die Haltestelle der Limmatschiffe, die von Frühling bis Spätherbst eine anmutige Ergänzung des ohnehin sehr attraktiven Angebotes des öffentlichen Verkehrs bilden. Die Schiffe verkehren zwischen Landesmuseum und Zürichhorn und fahren durch die ganze Stadt dem See entgegen.

Auf der anderen Flussseite sehen wir die grauen, stattlichen Amtshäuser des Kantons Zürich, die einen richtig städtischen Kontrast bieten zum schönen Park, dem wir uns jetzt zuwenden.

Vor ungefähr zwanzig Jahren waren wir mit Freunden aus Deutschland auf dem Platzspitz. Das war damals der Ort, der bekannter und vor allem berüchtigter war als jeder andere in Zürich. Drogensüchtige und Dealer aus aller Welt hielten sich im *Needlepark* auf, dem Treffpunkt der offenen Drogenszene mit erschütternder Todesbilanz.

Die Bilder aus jener Zeit werden wir nie vergessen. Mitten im Winter wollten wir den Schwerstabhängigen warme Sachen bringen, die, sich kaum auf den Beinen haltend, in der Kälte dahinvegetierten und sich von einer Spritze zur nächsten retteten.

Wir brachten neben anderem einen Lammfellmantel mit und wollten ihn einer jungen, fast sterbend aussehenden Frau schenken. Sie konnte nicht mehr laufen, ihre Augen in ihrem verquollenen Gesicht waren zu Sehschlitzen mutiert, aber sie realisierte «Pelz» und wandte sich ab. Ob sie glaubte, dass ihre vielleicht pelzummantelte Familie ihr nachstellte? Wir haben es nie erfahren, hörten jedoch von einer Sozialarbeiterin, dass die Menschen sehr heikel reagierten bei Attributen, die sie an ihr «altes» Leben erinnerten.

Das ist vorbei; die offene Drogenszene wurde aufgelöst, und heute existiert in der Stadt ein relativ breites Programm für den Umgang mit der Drogenproblematik, das sich zusammensetzt aus Prävention, medizinischer Aufklärung und Versorgung bis zur kontrollierten Drogenabgabe an Schwerstsüchtige, und soziale Unterstützung sowie polizeiliche Maßnahmen.

Heute ist der Platzspitz die grüne Oase der Stadt, ein Stadtpark, der seine Vergangenheit als «barocker Lusthain» zeigt, der Ort, an dem über 200 Jahre alte Platanen Schatten spenden und das älteste Denkmal der Stadt noch an seinem ursprünglichen Platz steht, das des Salomon Gessner (1730–1788), nach dem in der Stadt auch eine Straße (Gessnerallee) und eine Brücke benannt sind. Er begründete 1780 die «Zürcher Zeitung», die seit 1821 *Neue* Zürcher Zeitung» (NZZ) heißt; er war Teilhaber des Verlages, der heute als Orell Füssli firmiert, war vielfältig engagiert in Kunst und Kultur der Stadt und des Landes und überregional bedeutsam als Maler und Dichter.

Der Park wirkt großzügig, die Wasserspiele, Rosenbeete, das Rondell, ein Spielplatz und die beiden ihn seitlich begrenzenden Flüsse bieten eine an andere Parkanlagen in großen Städten erinnernde Atmosphäre, doch die Jogger, Walker, Kinder und ruhenden Menschen, die Flaneure sind rar. Es ist wenig Betrieb hier. Atmet das Gelände doch noch sein «altes» Stigma?

Dabei ist es so zauberhaft, Richtung Bahnhof zurückzuschauen und zu sehen, dass Sihl und Schanzengraben in einem Zwischengeschoss zwischen S-Bahnhof und Fernbahn durch den Bahnhof fließen, ja wirklich, dank Ingenieurkunst und Statikergenialität *durch* den Bahnhof fließen und sich in einem Flussbett vereinen. Folgen wir dem Lauf der Sihl, kommen wir zur Drahtschmidlibrücke, die sowohl die Sihl als auch die auf der anderen Seite des Parks fließende Limmat überspannt, und wir gehen geradeaus auf dem sich zum «Spitz» verjüngenden Gelände. Jetzt befinden wir uns wie auf dem Bug eines Schiffes. Hier mischen sich die Geräusche des Verkehrs mit denen der Flüsse, die jetzt zusammenkommen und vereint Richtung Aare und später Rhein fließen.

Immer wieder gehen wir gern an diesen Ort, so städtisch, so besonders. Manchmal, bei schlechtem Wetter nach starken Regenfällen, mischt sich sauberes Limmatwasser mit dem braunen Wasser der Sihl, oftmals können wir Reiher beobachten oder andere Wasservögel, für die das Ufer und das bewegte Wasser hervorragendes Jagdgebiet sind. Nie vergessen wir beim Blick in diese Flusslandschaft das Elend derer, die hier jahrelang gelebt haben, phasenweise durch hohe Gitter eingesperrt, kontrolliert, verelendet, aber wir freuen uns auch sehr darüber, dass wir jetzt mit dem Platzspitz und dem Limmatufer, dem Letten, eine Freizeitanlage unvergleichlichen Ausmaßes wiederbekommen haben, die zu den attraktivsten der Stadt überhaupt gehört.

Kirche Hauptbahnhof
oder Ruhe im Sturm

Oftmals haben wir im Hauptbahnhof Zürich das Gefühl, überrannt zu werden – pendelt man gegen den Strom, kann man sich der Heerscharen der Ankommenden oder Abreisenden kaum erwehren. Zürich gilt als eine der schnellsten Städte, das heißt, die raschen Schritte, das Laufen auf Rolltreppen, die hohe Frequenz, all diese Hektik lässt uns immer wieder hoffen, viele Jahre gesund und stark zu bleiben, um diesem Tempo Widerstand und Paroli zu bieten.

Manchmal sind wir müde, sind alle Reize zu stark, der Lärmpegel ist unerträglich, die akustische und optische Umweltverschmutzung kaum mehr auszuhalten, jetzt brauchen wir dringend und sofort einen Ort des Rückzugs und der Ruhe!

Es gibt ihn. Wir staunen über die Piktogramme, die alle möglichen Dienstleistungsangebote im ersten

Untergeschoss des Bahnhofs von Dusche bis Warteraum anzeigen, und folgen dem Hinweis «Kirche».

Seit 2001 gibt es den Raum der Stille, der offensichtlich einem tiefen Bedürfnis der Menschen entspricht, denn es soll Tage geben, in denen Hunderte (300 bis 500) Menschen, zu 40 Prozent Männer, den Raum besuchen. Wir finden ihn eher immer leer.

Hier wird auf Initiative der reformierten (evangelischen) und katholischen Kirche allen fünf Weltreligionen (Hinduismus, Buddhismus, Judentum, Christentum und Islam) ein kleiner interreligiöser Raum dargeboten, in dem sparsame Zeichen der Religionen vorhanden sind (für Muslime gibt es einen Gebetsteppich und die Angabe der Himmelsrichtung) und in dem alle Menschen Ruhe finden können.

Die Türen scheinen hermetisch abzuschließen, der Alltagslärm ist verbannt, die Hektik bleibt draußen, viele Kerzen, die von den Besuchern angezündet werden, spenden Ruhe, Wärme, Geborgenheit, sie stehen dicht an dicht auf ihren Tablaren und lassen kaum Platz für unsere. Eine große, schöne Kerze bietet Licht und Vertrautheit im «Altarbereich» des kleinen Raumes.

Die Menschen können sich vertiefen in eine Sammlung von Bibeln in den Weltsprachen, Liturgien der Religionen, den Koran oder in Gesang- und Gebetbücher.

Menschen schreiben ihre Wünsche, Bitten, Fürbitten, ihren Dank auf oder sitzen einfach still in sich gekehrt und meditieren, entspannen, philosophieren, denken, ruhen in sich selbst.

Welch ein großartiges, stilles Miteinander! Schade, dass diese kleine Welt des friedlichen und respektierenden Zusammenlebens nicht übertragbar ist auf die große Welt.

Jeder Ratsuchende findet übrigens in einem separaten Raum den ganzen Tag über Menschen, die als Seelsorger spontan und kostenlos Hilfe und Trost spenden oder einfach nur zwei wache Augen und Ohren dem schenken, der anonym und kostenlos ein Gegenüber sucht, um seinen Schmerz, sein Problem oder seine Glaubensfragen mitzuteilen.

Wir nehmen uns vor, häufiger in diesen Raum zu gehen und das «Weg-Wort» zu lesen oder mitzunehmen, das jeden Tag neu herausgegeben wird und einen wohltuenden Denkimpuls liefert.

Sihlfeldfriedhof
oder wo wir einst begraben werden

Als Zürich noch eine langweilige Stadt war, kursierte in der Stadt der schöne Satz: «Zürich ist doppelt so groß wie der Wiener Zentralfriedhof, aber nur halb so lustig.» Im Stadtquartier Wiedikon besitzt Zürich auch so etwas wie einen Zentralfriedhof. Aufgrund der Bundesverfassung von 1874 gingen die Verpflichtungen zu Anlage und Unterhalt von Friedhöfen von den Kirchengemeinden auf die politischen Gemeinden über. Die städtische Behörde von Zürich musste deshalb das Friedhofwesen zentralisieren.

Weil auf dem damaligen Stadtgebiet Raumnot herrschte, musste außerhalb ein geeignetes Bestattungsterrain gesucht werden. Im Westen der Stadt, im Sihlfeld – damals war Wiedikon noch eine selbstständige Gemeinde –, wurde Land gefunden für einen Zentralfriedhof, der dann in Etappen in den Jahren

1877, 1888, 1902 und 1912 angelegt wurde und seit 1896 Sihlfeldfriedhof heißt.

Ausgangspunkt ist der Albisriederplatz. Er ist vom Bellevue gut erreichbar mit der Tramlinie 2 und vom Hauptbahnhof mit der Linie 3 sowie mit den Trolleybuslinien 33 und 72.

Wie viele Plätze der Stadt ist auch der Albisriederplatz nicht als schön zu bezeichnen. Spannend ist es, einige Minuten den vielen Menschen zuzusehen, die über den Platz eilen und die Busse und Trams besteigen. Wir verlassen den Platz südwestlich über die Albisriederstrasse und sind nach knapp 200 Metern am Eingang des Friedhofs Sihlfeld 3. Vor uns sehen wir ein Triumphportal, geschmückt mit einem einladenden Engel. Wir nehmen diese Einladung an, gehen durch das bewachsene Portal und stehen am Beginn einer breiten Kastanienallee, die zum Krematorium führt.

Wir sind nun eingetreten in die «Insel der Seeligen, für sich abgeschlossen inmitten der Großstadt», so wird die monumentale, nach den Plänen von Albert Froelich erbaute Krematoriumsanlage beschrieben. Die hohen Bäume verdecken den Großteil des Abdankungsraums, über den Wipfeln wird die nach byzantinischem Vorbild erbaute Kuppel sichtbar. Wir stellen fest, dass die Gräber links und rechts der Allee einen jahreszeitlich wechselnden Grabschmuck haben, der überall gleich aussieht. Dem persönlichen Unterhalt der Grabstätten sind in der Stadt Zürich enge Grenzen gesetzt, weil man auf Einheitlichkeit Wert legt.

Ist bereits hier von Lärm und Hektik der Stadt nicht mehr viel zu hören, so breitet sich die Ruhe nochmals beim Eintritt durch das eigentliche Eingangstor zum Krematorium aus. Hier bewachen zwei aus Stein gehauene Sphinxe das dreiteilige Eingangsportal.

Wir kommen in einen fast quadratischen Vorhof, der mit seinem zentralen Wasserbecken – geschmückt mit Seerosen und Goldfischen – und den beiden seitlichen Arkadenhallen an die Architektur klösterlicher Kreuzgänge erinnert. Über dem 1915 eingeweihten Kuppelraum ist die symbolträchtige Inschrift eingemeißelt:

Flamme löse das Vergängliche auf.
Bereit ist das Unsterbliche.

Das Gebäude ist in der Regel nur bei Beerdigungen zugänglich. Wir verlassen deshalb den Vorhof durch einen kleinen Durchlass im linken Säulengang und halten unweigerlich inne. Eine frische Kühle – auch im Hochsommer – empfängt uns; die Dunkelheit einer ausladenden, doppelten Zypressenallee erschwert zuerst etwas die Orientierung. Wir sind im sogenannten Urnenhain. Eine Mauer, in die Urnen eingelassen werden, umgibt diesen «dicht bevölkerten» Teil des Friedhofs.

Wir setzen uns auf eine Bank, lassen die Ruhe auf uns wirken, blicken auf die Höhen des Üetliberges und danken den hohen, grünen Zypressen, die die Geräusche der Stadt dämpfen. Für zwei von uns dreien ist es zuversichtliche Gewissheit, genau zu sehen, an welch schöner Stelle sie dereinst begraben sein werden.

Nur zögerlich verlassen wir diesen fast mythischen Ort durch die kleine Pforte und sagen den Sphinxen Auf Wiedersehen. Unser Weg führt allerdings nicht zurück zum Haupteingang, sondern rechts durch ein Tor auf einen kleinen Parkplatz. Schräg gegenüber befindet sich wieder ein Eingangstor zum eigentlichen Hauptfriedhof. Große Freiräume, eindrucksvolle alte Bäume, eine Kiwi-Allee und kunstvolle Grabdenkmäler erfreuen unsere Herzen an einem Ort, der ansonsten die Menschen eher mit Trauer erfüllt.

Natürlich gibt es auf dem Sihlfeld auch Prominente, die hier ihre letzte Ruhestätte gefunden haben. Wir denken an August Bebel, den großen Mann der deutschen Sozialdemokratie, der zusammen mit seiner Frau Julie Bebel, seiner Tochter Frieda Simon-Bebel und Schwiegersohn Werner Simon in einem gemeinsamen Grab bestattet ist. Das Begräbnis des «roten Kaisers», wie August Bebel tituliert wurde, war sicherlich die größte Trauerfeier, die Zürich je erlebt hat. Bebel wurde im Volkshaus aufgebahrt, wo rund 50 000 Menschen Abschied von ihm nahmen.

Am Sonntag, dem 17. August 1913, wurde der Sarg von rund 800 Kranzträgern begleitet und zum Haus von Frieda Simon-Bebel übergeführt. Nach einem Gesangsvortrag setzte sich der Zug von etwa 20 000 Teilnehmern, darunter die Arbeiterführerinnen Rosa Luxemburg und Clara Zetkin, zum Zentralfriedhof Sihlfeld in Bewegung. Die Zahl der Zuschauer am Straßenrand wurde auf 60 000 geschätzt. Vor dem Krematorium sprachen vierzehn Vertreter der sozialdemokratischen und internationalen Arbeiterbewegung. Als einzige Frau hielt Clara Zetkin eine Ansprache. Die Reden dauerten rund zweieinhalb Stunden. Der Grütli-Männerchor sang ein letztes Lied (das «Huttenlied» nach einem Text von Gottfried Keller), dessen Darbietung sich August Bebel gewünscht hatte. Unter Klängen von Chopins Trauermarsch wurde der Sarg ins Krematorium getragen.

«Viele Männer und Frauen weinten, und tiefbewegten Herzens ging die Trauerversammlung auseinander, während eine Rauchwolke aus dem Krematorium zum blauen Himmel stieg», schrieb das «Volksrecht» am 18. August.

Ein schlichtes Grabmal steht für Johanna Spyri – der Schöpferin von «Heidi», die von 1827 bis 1901 lebte. Die Inschrift lautet: «Herr, was soll ich mich trösten? Ich hoffe auf Dich.»

Weiter besuchen wir die letzten Ruhestätten des Zürcher Stadtbaumeisters Arnold Bürkli; das Grab von Henry Dunant, dem Urheber der Genfer Konvention und des Roten Kreuzes, das des großen Dichters Gottfried Keller und das des deutschen Schriftstellers Walter Mehring. Ferner finden wir die Gräber von Hulda Zumsteg, der legendären Wirtin der «Kronenhalle» am Bellevue (kein stiller Winkel), von Carl Seelig, dem Förderer und Freund des Schriftstellers Robert Walser, und das besonders schöne Grabmal von Susanna Orelli, der Gründerin des Zürcher «Frauenvereins für Mäßigkeit und Volkswohl», die zusammen mit ihrer Schwester Carolina Rinderknecht begraben worden ist.

Eine Besonderheit ist sicherlich das «Deutsche Kriegsgrab» gleich neben dem Haupteingang. Die

Inschrift lautet: «Zum Gedächtnis der im Weltkrieg gefallenen Deutschen aus Zürich und Umgebung 1914–1918». Die zahlreichen Namen sind ein Hinweis darauf, wie viele Menschen aus Deutschland bereits damals in Zürich lebten.

Der Sihlfeldfriedhof ist nicht nur eine Oase der Ruhe für die Menschen. Auch eine große Pflanzenvielfalt wurde bei Untersuchungen festgestellt. Dank des Artenreichtums der Bäume und Pflanzen bietet der Friedhof ein Refugium für über sechzig Vogelarten, viele Säugetiere und Insekten.

Inzwischen können Stunden vergangen sein. Über einen der neun Ausgänge kann der Friedhof verlassen werden, sofort erlebt man die Lebendigkeit der Stadt und findet sicherlich auch ein Restaurant, Café oder eine Bar, um sich wieder zu erden.

Belvoirpark
oder Eschers Erbe

Vom Hauptbahnhof nehmen wir die Tramlinie Nummer 7 und zwar von der Haltestelle in der Bahnhofstrasse Richtung Wollishofen; von dort geht es sechs Stationen bis zu Haltestelle Museum Rietberg. Wir steigen aus, laufen auf der linken Seite der Seestrasse weiter und kommen nach einigen hundert Metern an ein großes Eingangstor: Hier sind wir richtig.

Rechts neben dem Eingang informiert uns ein großes Schild, dass sich hier das Restaurant Belvoirpark und die Hotelfachschule Zürich befinden. Wir gehen die breite asphaltierte Straße entlang, die von Zierlorbeer und hohen Nadelbäumen begrenzt wird. Nach einer Wegkrümmung sehen wir den Restaurantparkplatz und den großen, klassizistischen Bau, um den wir uns aber jetzt noch nicht kümmern. Wir gehen also weiter, am Haus vorbei und nehmen kurz wahr, dass rechts vor der Villa ein größerer Restaurantgarten angelegt ist, der besonders im Sommer von den Zürchern gerne besucht wird.

Am Ende des lang gezogenen Gebäudes befindet sich eine große Markise, die die Restaurantgäste im Freien vor der Sonne schützt, und vor dem Haus eine große Rasenfläche, in dessen Mitte wir ein kreisförmiges Wasserbecken sehen, und in diesem wiederum steht eine große nackte Frau mit kräftigen Pobacken, sommers wie winters steht sie da. Es ist die Skulptur «Die Schauende», die der Berner Bildhauer Hermann Haller in den Zwanzigerjahren des letzten Jahrhunderts erstellte. Wir laufen den Rasen entlang, bis wir an eine niedrige Begrenzungsmauer kommen. Jetzt erst offenbart sich die Größe der Parkanlage.

Hinter der Balustrade fällt das Gelände terrassenartig recht rapide zum unteren Parkteil ab – der Höhenunterschied ist beträchtlich –, und wir können sogar bis zum Mythen-Quai und dem Zürichsee sehen.

Der Park ist ausgesprochen schön und offensichtlich im 20. Jahrhundert gestaltet worden. Im frühen 19. Jahrhundert reichte er bis zum See. Heinrich Escher-Zollikofer, ein Händler, der mit Landspekulationen in Nordamerika sein Geld gemacht hatte, kaufte 1826 das ganze Gebiet, darunter einen mit Reben bewachsenen Hügel direkt am See. Der Hügel wurde abgetragen, der Park nach seinen Anweisungen gestaltet und mit Bäumen und Gebüsch bepflanzt, die Escher zu Teilen aus Amerika mitgebracht hatte – er hatte sich offensichtlich schon früher mit der «Park-Frage» beschäftigt. Außerdem entstand zwischen 1828 und 1831 die Villa Belvoir, die wir gerade hinter uns gelassen haben.

Eine Zeichnung jener Zeit lässt erahnen, wie es früher ausgesehen haben muss: ein atemberaubender, durch Bauten nicht getrübter Blick über die Parkanlage und große Teile des Seebeckens – ja, das war ein Reich für sich. Erst mit dem Bau der linksufrigen Zürichseebahn wurde der Park verkleinert. Heinrich Eschers Sohn Alfred musste dem aus Vernunftgründen zustimmen. Er galt als der Schweizer Eisenbahnkönig und konnte sich daher schlecht aus privaten Gründen gegen den Eisenbahnausbau stellen.

Wir gehen langsam die Stufen hinunter, die in den tiefer gelegenen Teil des Parks führen. Seit langem schon beschäftigt sich die städtische Parkverwaltung mit der Pflege und Züchtung von Schwertlilien, und so nehmen die rund 120 Irissorten (wie Schwertlilien auch genannt werden) auf der unteren Ebene eine prominente Rolle ein. Während die Gartenanlage in klaren, fast nüchternen architektonischen Linien gestaltet ist, bilden die Iris zwischen März und Juni einen geradezu überschäumenden lebendigen Kontrast.

Es ist schwierig, in den Sommermonaten bei gutem Wetter überhaupt einen Sitzplatz auf einer der Parkbänke zu bekommen, aber trotz des lebhaften Besuchs ist es ein angenehmer und entspannender Ausflugsort. Man sitzt in einer der schönsten Gartenlandschaften Zürichs, lässt sich von der Sonne verwöhnen, die Rasensprenger ziehen mit regelmäßigem Ratschen ihre Kreise, und man wünscht sich, die Zeit könnte stillstehen.

Langsam laufen wir an den Blumenrabatten vorbei zu unserem Ausgangspunkt und begeben uns über die Stufen wieder zum oberen Parkteil. Bevor wir uns aber ins Restaurant unter die Sonnenmarkise setzen, gehen wir zurück zum Haupteingang der Villa Belvoir und treten dort ein. Gleich rechts am Eingang ist eine kleine Bar, geradeaus geht es ins Restaurant und ein über die Länge des ganzen Gebäudes reichender Korridor führt links in den ersten Stock und rechts in den Außenbereich. Wir gehen links nach oben, eigentlich wollen wir nur sehen, ob das Bild von Lydia Welti-Escher noch da ist.

Ja, das Bild der letzten privaten Besitzerin des Belvoir hängt noch im Treppenhaus, kurz vor der ersten Etage, gemalt von ihrem Liebhaber, eine Kopie wohl, schon etwas abgeblättert, eine junge, weiß gekleidete Frau mit rosigem Gesicht, klaren, skeptisch blickenden Augen, vollen Wangen, etwas bieder wirkend und die Hauptperson eines Dramas, an dessen Ende zwei Menschen ihrem Leben ein Ende bereiten werden. Vor rund 140 Jahren war Lydia Escher eine der besten Partien in Zürichs Bourgeoisie; ihr gehörte die Villa Belvoir, und ein großes Erbe war ihr gewiss, denn sie war die Tochter des Eisenbahnkönigs Alfred Escher.

Das Unglück wollte es, dass sie kurz nach Alfred Eschers Tod Friedrich Emil Welti heiratet, einen jungen Mann aus der Umgebung des Machtkartells ihres Vaters. Friedrich Emil ist der Sohn des Bundesrats Welti, also eines Mitglieds der Schweizer Regierung; zu Zeiten des aufstrebenden Bundesstaates Schweiz war das im 19. Jahrhundert eine machtvolle Person. Friedrich ist feinsinnig, etwas weltabgewandt, und seine Interessen liegen nicht wirklich im Familienleben, und im Geschäfte machen schon gar nicht. In

Zürichs *upper class* ist er trotz seiner Herkunft isoliert, die Abende im Belvoir müssen recht eintönig gewesen sein. Folglich hat die Gattin auch immer Kopfschmerzen und Migräne. Eine Konsultation jagt die nächste Kur in guter Luft, aber es wird nicht besser.

Da bringt Friedrich Emil Welti eines Augusttages 1885 einen Freund aus Berner Schultagen mit. Karl Stauffer ist Maler, nicht sehr vermögend und immer auf der Suche nach Aufträgen. Das lässt sich auch gut an. Stauffer wird Freund des Hauses; gern vermittelt ihm des Ehepaar Welti-Escher Kontakte. Stauffer malt oder radiert die Schriftsteller C. F. Meyer und Gottfried Keller, den Bundesrat Welti und Lydia Welti-Escher. Friedrich Emil Welti unterstützt Stauffer finanziell, wo er nur kann. Lydia mag Stauffer sehr, sie verlieren sich in stundenlangen Gesprächen.

Die Dinge bleiben undurchsichtig, bis im Oktober 1889 das Ehepaar nach Florenz reist und Stauffer zu beiden stößt, um seinen Mäzenen behilflich zu sein. Kaum angekommen, muss Welti wieder geschäftlich in die Schweiz zurück und weist Stauffer an, sich um seine Frau zu kümmern. Das war vielleicht keine so gute Idee.

Unterschwellige Zuneigungen werden offenkundig. Karl und Lydia versichern sich ihrer Liebe, und beide brennen nach Rom durch – der Eklat ist da!

Der düpierte Ehemann berichtet die Vorfälle seinem Vater, der setzt als Schweizer Bundesrat alle diplomatischen Hebel in Bewegung, und sein Arm reicht weit. Stauffer wird in Rom von der italienischen Polizei wegen Notzucht und versuchten Betrugs verhaftet und später ins Irrenhaus «San Bonifazio» in Florenz verfrachtet. Als er im März 1890 (offenkundig unschuldig) entlassen wird, ist er psychisch und physisch gebrochen. Nach permanenter Einnahme von zu viel Schlafmitteln stirbt er Anfang 1891 34-jährig in Florenz.

Aber auch Lydia geht es nicht viel besser. Ihr Gatte lässt sie zuerst in das städtische Irrenhaus in Rom und dann in die aargauische Heilanstalt Königsfelden schaffen und diktiert die Scheidungsbedingungen, nach denen sie ihm sogar noch 600 000 Franken Entschädigung zahlen muss. Gesellschaftlich völlig geächtet («Ehebrecherin»), zieht sie nach Champel bei Genf, wo sie ihrem Leben 33-jährig im selben Jahr wie Stauffer ein Ende setzt. Der Zürcher Journalist und Schriftsteller Willi Wottreng ist diesen traurigen Vorgängen in einer klugen und einfühlsamen Studie nachgegangen («Die Millionärin und der Maler»).

Nachdenklich sitzen wir unter der Markise, nippen an unserem Wein, den uns die freundlichen Studenten der Hotelfachschule gebracht haben, schauen auf die Pobacken von Hallers «Schauender» und sinnen darüber nach, dass einer der reichsten Frauen ihrer Zeit der ganze Reichtum – der Park, die Villa, das Geld – nichts genutzt hat. Die Rasenmäher ziehen ihre Kreise, leises Gemurmel der Gäste erfüllt angenehm die Terrasse, und langsam finden wir wieder in die Gegenwart zurück.

Rieter-Park
oder Wagners Flucht

Wie beim Besuch des Belvoir nehmen wir vom Hauptbahnhof die Linie 7 und fahren bis zur Haltestelle Museum Rietberg.

Wir steigen aus, laufen rund 200 Meter in Fahrtrichtung und werden rechts an der Gablerstrasse mit einem Schild auf das Museum Rietberg verwiesen. Hier ist er – unser stiller Winkel, eine der schönsten Zürcher Parkanlagen, am ruhigsten sicher am Montag, denn dann ist das in ihr befindliche Rietberg-Museum, das Museum für außereuropäische Kunst, geschlossen.

Wir wandern durch den Eingang des Parks, den asphaltierten Weg entlang. Links und rechts befinden sich Hecken mit Zierlorbeer und Bambus, und wir sehen das «Stützkorsett» des Parks: immergrüne Nadelbäume unterschiedlichster Herkunft, vereinzelt vermischt mit Rotbuchen und niedrigem Gesträuch. Es ist ein milder Herbsttag. Eine weiße, kalte Sonne hängt am blauen Himmel zwischen weißen Schäfchenwolken. Die erste Entscheidung: links oder rechts? Rechts, wir nehmen den Hauptweg.

Während wir langsam den Hügel aufwärts schlendern, lassen wir die für Zürcher Verhältnisse ungewöhnlich großzügige, an englische Parks erinnernde Parklandschaft auf uns wirken. Breite Wege führen durch gepflegte Rasenflächen, die mit kleinen Wäldchen oder Plätzen begrenzt werden. Am Wegrand bieten Bänke Sitzmöglichkeiten.

Es ist nicht wirklich ruhig, denn der Park liegt hoch genug, um den Lärm des Zürcher Seebeckens und bei entsprechendem Wind den der Innenstadt zu empfangen, aber der weite Schwung der Gartenführung vermittelt eine gewisse kontemplative Ruhe, die höchstens durch einen vorbeikeuchenden Jogger, der aus dem Gehölz stürzt, durchbrochen wird.

Eine Fachpublikation hat treffend darauf hingewiesen, dass der Rieter-Park einen «ruhenden Pol unter Zürichs Gartendenkmälern» bildet. Und es stimmt. Der Thüringer Gartenarchitekt Theodor Froebel hat 1855 den ganzen Park nach Süden ausgerichtet und ihn so gestaltet, dass sich die gepflanzten Ensembles wie natürlich in die Landschaft einpassen. 1999 hat der heftige Sturm Lothar leider viele weit über 100 Jahre alte Bäume entwurzelt, und so hat man sich im letzten Jahrzehnt darum bemüht, den gesamten Park entsprechend den historischen Vorlagen zu restaurieren und das Gartenensemble wieder in den alten Zustand zu versetzen.

Eine Wegkreuzung mit Informationsschild lässt uns die Wahl zwischen verschiedenen Richtungen; wir wählen den Weg zur Villa Wesendonck. Wenige Schritte nur auf dem kreisförmig die Villa umkurvenden Weg, und da sehen wir sie schon: ein prachtvolles Gebäude, von der Renaissance inspiriert, die großen Fenster der mächtigen Erker gen Süden gerichtet. Dort im ersten Stock stehend hat man bei gutem und klarem Wetter einen Blick bis zu den Glarner Alpen – und eine landschaftliche Weite, die ein wenig an die Villa Hügel in Essen und deren Parkanlagen erinnert, wenn auch ohne den imperialen Gestus der Architektur, der im Kaiser-Deutschland des 19. Jahrunderts üblich war.

Als der deutsche Großkaufmann und Seidenfabrikant Otto Wesendonck 1851 Zürich zu seinem Lebensmittelpunkt machte, war er auf dieser Seeseite vor den Stadttoren Zürichs der Zweite; vor ihm hatte sich seewärts schon der Händler und Spekulant Heinrich Escher-Zollikofer festgesetzt und eine riesenhafte Parkanlage mit Villa vom See bis zur heutigen Seestrasse errichten lassen (siehe auch Seite 71).

Wesendonck wollte Escher sicher nicht nachstehen, und so kam auch hier das Gartenensemble mit Gebäude zustande. Wie das damals ausgesehen haben mag, lässt sich in dem Buch über Richard Wagner von Udo Bermbach (siehe Bibliographie) betrachten. Auf Seite 98 ist ein beeindruckendes Panorama der Stadt, vom Wesendonckschen Anwesen aus betrachtet, abgebildet. Man konnte damals offensichtlich bis zur Villa Belvoir blicken, und die Seestrasse gab es auch noch nicht.

Wesendoncks Auftauchen in Zürich wird kein Zufall gewesen sein. Die deutsche Revolution von 1848 war in sich zusammengebrochen, und die Reaktion schwemmte eine große Anzahl von deutschen Emigranten in die demokratische Schweiz, darunter bereits 1849 einen sächselnden Kapellmeister und Komponisten mit germanischen Allmachtsphantasien: Richard Wagner. Wagner hatte an den demokratischen Unruhen in Dresden teilgenommen und fliehen müssen wie Hunderte seiner Landsleute.

Wesendonck und seine bildhübsche Frau Mathilde, die auch schriftstellerisch tätig war, lernten Wagner im Januar 1852 kennen. Mathilde war sofort von ihm hingerissen.

Als Wagner 1853 finanziell wieder einmal klamm war, lieh ihm Wesendonck 800 Franken, damals eine exorbitante Summe; heute käme man dafür im Zürcher Alltag nicht weit. Die Summe wurde später erlassen, und man kam sich auch sonst näher.

Als die Villa in Zürich-Enge Mitte der Fünfzigerjahre fertig war, führte das Ehepaar Wesendonck ein offenes Haus. Die zu jener Zeit «deutsch» fühlende gesellschaftliche Elite der Stadt gab sich auf dem «grünen Hügel» die Klinke in die Hand. Viele Künstlerinnen und Künstler gingen ein und aus, und unter ihnen natürlich Richard Wagner und seine Frau Minna (ja, auf solche Namen wurden Frauen damals noch getauft!).

Jedenfalls zogen Wagners 1857 aufs Grundstück nebenan, das Otto Wesendonck gekauft hatte, rund 200 Meter vom Haupthaus entfernt, und Wagner vertonte sogar fünf Gedichte von Mathilde. Sie sind in die Literatur als «Wesendonck-Lieder» eingegangen, doch schon damals lästerte man von «5 Dilettanten-Gedichten mit einer Frauenstimme».

Richard Wagner arbeitete für die Lieder eng mit Mathilde zusammen – wie eng, das hat bis heute zu einer nicht enden wollenden Debatte unter Wagner-Exegeten geführt. Die Zürcher Musikpublizistin Sibylle Ehrismann hat plausible Gründe für die Annahme, dass es nicht nur zum Austausch von Notenblättern kam. Andere wiederum bezweifeln das; immerhin werden die Liebenden «Tristan und Isolde» in ihrer Liebesarie kurz vor dem Höhepunkt unterbrochen – sozusagen ein *interruptus* der besonderen Art ... Das Geburtstagsständchen für Mathilde am 23. Dezember 1857 fand *tête-à-tête* unter Abwesenheit des Gatten statt (der war auf Geschäftsreise).

Als Wagners Frau Minna im Juni 1858 einen «glühenden» Brief Richards an Mathilde in die Hände bekommt, ist der Eklat perfekt – im August müssen Wagners ausziehen. Wagner ist sogar seine Frau los, und mit dem Wegzug ist die Zeit Wagnerscher Zürich-Episoden (und -Eskapaden) zu Ende. Immerhin hat er hier neben den Opern «Rheingold» und «Die Walküre» große Teile von «Tristan und Isolde» und des «Siegfried» komponiert.

Noch einmal holt Wagner diese ganze Affäre ein, nämlich als Cosima Wagner Mathilde Wesendonck im Februar 1871 aus Tribschen im Luzernischen einen freundlichen Brief schreiben will. Beleidigt weist er Cosima zurecht: «Um hier keinen weichlichen Irrtum bestehen zu lassen, habe ich der Frau ihre Briefe zurückgeschickt und die meinigen verbrennen lassen, wie ich nicht will, dass etwas bestehe, das annehmen lassen könnte, es sei hier eine ernste Beziehung gewesen...» Nein, Dankbarkeit war keine hervorstechende Eigenschaft Wagners, der immerhin einige Jahre vom Brotkorb der Wesendoncks abhängig war.

Wesendoncks blieben noch lange Jahre ein wichtiger Bestandteil der Zürcher *haute volée* – bis 1871. Dann nämlich hätte beinahe ein wütender Zürcher Volkshaufen die Villa angezündet. Die deutsche Gemeinde in der Stadt feierte den preußischen Sieg über Frankreich mit einer Siegesfeier im Tonhalle-Saal, dem Konzerthaus der Stadt. Es war in der Umgebung nicht klug, französisch zu sprechen, denn es konnte durchaus passieren, dass farbentragende Studenten mit der flachen Seite des Säbels «welsch» Sprechende verprügelten.

Die Deutschen, selbst alte 1848er-Revolutionäre, fühlten sich bestätigt: 1864 hatten die Preußen gegen Dänemark gesiegt, 1866 gegen Österreich-Ungarn, und der vereinte Sieg über Frankreich schien die sehnlichst gewünschte Reichseinigung zu bedeuten.

Aber in der Schweiz hatte sich die Stimmung gedreht. Anfang 1871 war die französische Ostarmee, 140 000 Soldaten, von den Deutschen auf Schweizer Territorium abgedrängt und Anfang Februar in eisiger Kälte bei Le Verrières im Neuenburger Jura von der Schweizer Grenzarmee entwaffnet auf alle Kantone zur Internierung verteilt worden. Ihr General Bourbaki gab sich die Kugel. Eine Welle von Mitgefühl schlug ihnen entgegen – für preußisches Säbelrasseln auf Zürcher Gebiet war da kein Platz mehr. Auf dem

Friedhof Zürich-Manegg befindet sich für die Zürcher Bourbaki-Soldaten noch heute ein Gedenkstein («Franzosengrab»).

Den Wesendoncks jedenfalls war Zürich damit verleidet. Sie zogen nach Dresden. Es gelang ihnen, das Grundstück an die Winterthurer Industriellenfamilie Rieter zu veräußern. Mit ihr wurden Park und Villen wirklich privat.

Wir gehen den gekrümmten Weg um die Villa Wesendonck weiter und finden gegenüber dem Eingang an der Seite des Hauses einen neuen Glasbau vor. Es ist die Erweiterung des Museums Rietberg durch die Architekten Grazioli und Grischanitz und gegenwärtig das Mekka für Architekturinteressierte, schlicht gestaltet und sich bestens in den gesamten Park einpassend. Wer Interesse hat, sollte sich den Bau von innen ansehen; ein Musterbeispiel dafür, wie man trotz begrenzter Platzbedingungen optimale Präsentationsmöglichkeiten schaffen kann.

Wir schlendern am Museums- sowie Villeneingang und an der Remise vorbei und suchen die Villa Schönberg. Dazu müssen wir über die Gablerstrasse und treffen auf ein kleineres Grundstück mit einem Gebäude und einer davor gelagerten Gartenanlage. Die weiter bergwärts befindlichen Stallungen, die für solche Villenanlagen obligatorisch waren, gehören heute zu einem Begegnungszentrum für die Bevölkerung.

Wir sehen einen roten Ziegelbau mit Türmchen und Erkern und Giebelchen und Mansardenzimmerchen; Villa Schönberg ist jener Villentyp, mit dem das Bürgertum des ausgehenden 19. Jahrhunderts seiner Begeisterung für den Adel, das Mittelalter und die Elite Ausdruck gab: *My home is my castle!* Typisches Aufsteiger-Milieu. Die Rieter-Villa auf der anderen Seite des Parks ist nicht besser.

Hier ist nicht das Wagnersche Domizil, denn dieses war, wie man einer zeitgenössischen Skizze entnehmen kann, ein zweistöckiger Fachwerkbau, der schon im 19. Jahrhundert abgerissen worden war. Dreißig Jahre nach den geschilderten Vorgängen, um 1890, wurden Villa Schönberg und Villa Rieter von der neuen Besitzerfamilie neu errichtet; die Villa Schönberg trat anstelle des Wagner-Hauses. Wir bummeln wieder zur Villa Wesendonck und sonnen uns auf den Stühlen des Cafés zwischen Villa und Remise.

Einmal noch rückte die Villa in die Aufmerksamkeit hoher Politik: 1912 besuchte der deutsche Kaiser Wilhelm II. die Schweiz, und der Schweizer Bundesrat quartierte ihn in die Villa Wesendonck ein; die Besitzer überließen sie ihm freundlicherweise.

Die Reise war ein voller Erfolg. Das Militär freute sich bei den Manövern, schließlich hatten auch die Schweizer Herren ihr Handwerk inzwischen auf preußischen Kasernenhöfen gelernt; es soll Kaiserwetter geherrscht haben: eine weiße Sonne am strahlend blauen Himmel zwischen weißen Schäfchenwolken.

Neuer Botanischer Garten
oder Bärenkamille und Gauklerblume

Vom Hauptbahnhof fahren wir mit der Tramlinie 11 Richtung Rehalp bis zum Hegibachplatz (oder mit dem Bus Nr. 31 Richtung Hegibachplatz) und steigen an der Neumünsterstrasse in den Bus Nr. 33 oder 77. Die nächste Haltestelle ist der Botanische Garten. Wir freuen uns auf einen Ausflug in eine reiche Pflanzenwelt. Dieser «neue» Botanische Garten wurde 1976 errichtet, er gehört zur Universität Zürich. Der Garten umfasst fast 60 000 Quadratmeter und befindet sich im alten Park der Villa Schönau, die der Familie Bodmer-Abegg gehörte. Zwar schenkte die Witwe Abegg der Stadt das Grundstück nicht, verkaufte es aber weit unter marktüblichem Preis, verbunden mit der Auflage, es für wissenschaftliche Zwecke zu nutzen. (Die Familie Abegg gehört übrigens zum Kreis der Besitzer des Nestlé-Konzerns.)

Botanische Forschung und Anwendung ihrer Erkenntnisse haben in Zürich eine lange Tradition. Bereits im 16. Jahrhundert arbeitete der damalige Stadtarzt Conrad Gessner mit den Heilmitteln, die er aus seinem eigens angelegten Garten gewonnen hatte. 1833 wurde mit der Gründung der Universität Zürich auch ein Botanischer Garten auf dem Gelände des alten Bollwerks «Zur Katz» errichtet (siehe Seite 51), 1971 dann wurde per Volksentscheid bestimmt, dass ein neuer Botanischer Garten mit Institutsgebäuden gebaut werden sollte.

Breite botanische Forschung, der Erhalt bedrohter Pflanzen, Information – also Bildung sowie auch Erholung für die Besucher, das sind die Ziele des Gartens. Die Gartenarchitekten und der damalige Direktor des Gartens, Professor D. K. Cook, achteten bei der Anlegung der Beete und Wege darauf, den Charakter des alten Parks nach englischem Vorbild zu erhalten. Sie nutzten die durch das Gelände gegebenen Voraussetzungen für entsprechende Bepflanzungen, wie etwa den sonnenbeschienenen Moränenhang Richtung Süden zum See und den westlichen zum Wehrenbach hin bepflanzten, schattigen und feuchten Bereich.

Vom Eingang an der Zollikerstrasse laufen wir einen kleinen Berg hoch und schauen verzückt auf die sprechenden Namen auf den Schildern: Zigarettenblümchen, Zigarettenbäumchen, Pantoffelblume, Gauklerblume, Bärenkamille, Quastenblume, Stinkende Nieswurz, Fetthenne, Schwingel, Großwurziger Storchschnabel, Reifrocknarzisse, Langblättriges Waldvöglein, und dann sieht man die riesige, rund

120 Jahre alte Blutbuche und daneben die gleichaltrige, jedoch beschnittene Zeder. Rechter Hand wachsen die einjährigen Mittelmeerpflanzen, die im Sommer entsamt werden, wir sehen den selten hohen, etwa sechs Meter in den Himmel ragenden Lorbeerbaum und ein Institutsgebäude, und wir sind «auf dem Grat», auf der Passhöhe. Weit kann das Auge schweifen, der Blick geht über die Wiesen und den Teich auf die entfernten Hügel des Adlisberges, und hinter uns in der Weite sehen wir Kirchtürme, ein kleines Stück Zürichsee und den Üetliberg. Die Grillen zirpen, und der Weg auf dem Grat strebt einem großen Sitzplatz unter einer Ziereiche und einer Traubeneiche zu.

Durch die Baumkronen blitzt das Mauerwerk der Villa Abegg – auch dieses Haus wird jetzt vom Botanischen Institut genutzt. Wir schauen zurück auf den Weg. Jetzt zeigt sich unsere Blutbuche in ihrem prachtvoll üppig-roten Kleid. Wir folgen dem Pfad und erreichen einen Teich mit der Königin der Seerosen, der Victoria Cruziana, und Seerosen aus Paraguay, Bolivien, Argentinien.

Wir sehen die Plexiglaskuppeln der drei Schauhäuser mit der Flora der Tropen, Subtropen und Savannen. Wir hören nur Stimmen, Menschen, die unterschiedliche Sprachen sprechen; entfernt ertönt ein Notrufsignal, sonst umgibt uns Stille.

Wir folgen dem weiß-rot-weiß markierten Wanderweg durch das ALPINUM und können uns über die Anpassungsfähigkeit der Bergflora kundig machen. Am Ende dieses etwas «abenteuerlichen» Weges stehen wir fast vor dem wenig charmanten Café und beobachten zwei alte Damen, die auf einem verblichenen runden Teppich ein Würfelspiel spielen. Wir setzen uns hin, trinken einen Kaffee, essen etwas Süßes und betrachten das große Wandgemälde auf Metall der Zürcher Künstlerin Hanny Fries. Wir entdecken die Villa Patumbah mit ihrer speziellen Dachverzierung. Vielleicht machen wir gleich noch einen Ausflug dorthin an die Zollikerstrasse 128, denn diese exotische Villa eines Riesbacher Kaufmanns, der als Teilhaber einer Tabakplantage auf Sumatra zu großem Reichtum gekommen ist und sich in Erinnerung an seine Zeit auf Sumatra diese Villa erbauen ließ, ist mit ihrem Park immer wieder sehenswert.

Am Seiteneingang des Cafés finden wir einen hübschen Text des französischen Schriftstellers und Gastrosophen J.A. Brillat-Savarin (1755–1826), der durch seine Unterscheidung zwischen einem Gourmand und einem Gourmet bis heute bekannt ist:

5 Köpfe bringen einen guten Salat zustande:
1 Geizhals, der den Essig träufelt,
1 Verschwender, der das Öl gibt,
1 Weiser, der die Kräuter sammelt,
1 Narr, der sie durcheinander rüttelt,
1 Künstler, der den Salat serviert.

Wir beenden unseren Rundgang und passieren eine Lotusblume, das Symbol für Reinheit im Hinduismus und Buddhismus und das Symbol für eine gute Ehe.

Welch sinniges Zeichen für das Ende dieses Ausflugs, denn wir sehen unsere Blutbuche wieder und laufen zum Ausgang, bestätigt im Gefühl, im Botanischen Garten alle Sinne befriedigt zu haben.

Burghölzli-Hügel
oder wo die Seele wieder heilen soll

Wir verlassen die Innenstadt ab Hauptbahnhof oder ab Bellevue mit dem Tram Nr. 11 Richtung Rehalp.

An der Haltestelle Balgrist steigen wir aus der Bahn, gehen über den unteren Zebrastreifen, sehen die Mahmud-Moschee, die in trauter Einheit mit der evangelischen Kirche Balgrist die Haltestellen einrahmt, und biegen in die Lenggstrasse ein. Vor uns sehen wir das Gelände der Psychiatrischen Uniklinik.

Hier, oberhalb der Innenstadt, befinden sich auch über die Grenzen der Stadt und des Landes bekannte orthopädische Kliniken (Balgrist und Schulthess) sowie die Klinik Hirslanden; unweit entfernt im gleichen Stadtteil ist außerdem die Epilepsie-Klinik angesiedelt.

Das Areal ist immer eine Großbaustelle, da die Kliniken immer wieder erweitert und modernisiert werden. Der Baulärm und die Forchstrasse mit ihren Auto- und Tramgeräuschen bleiben hinter uns, und Vogelgezwitscher ist hörbar.

Auf der Höhe des Hinweises auf das Mathilde-Escher- Heim führt rechts ein schmaler Weg durch die Getreidefelder, und nach rund 200 Metern betreten wir das Klinikgelände.

Auffällig ist die Dominanz der wunderbaren Obstkulturen. Zwetschgen, Äpfel, Birnen wachsen; Thujahecken bleiben unbeschnitten, um den deutlich hörbar zwitschernden Vögeln Nistplätze zu bieten. Der Interessierte kann sich an Informationstafeln kundig machen über den ökologischen Anspruch der hier arbeitenden Gärtner, wir jedoch konzentrieren uns auf die etwas wie beklommen wirkende Ruhe und denken an die Vergangenheit, das Patientenleid, hier in einer in früherer Zeit recht eingeschlossenen Umgebung zu leben (die Anstaltsmauern wurden erst 1967/1968 abgerissen), sowie die Not der hier arbeitenden Pflegerinnen und Wärter, der in Küche, Haus und Hof Arbeitenden, und die Genies und prägenden Köpfe der frühen Psychotherapie und Psychiatrie.

Die ersten Direktoren des Burghölzlis gingen Ende des 19. Jahrhunderts in ihrer Forschung und Behandlung vom Gehirn aus, und sie beschäftigten sich mit der unterschiedlichen Anatomie der Gehirne Gesunder und Kranker. Mit August Forel (Direktor 1879–1898) hielt die psychosoziale Forschung Einzug, die der Zeit der Industrialisierung mit ihren völlig neuen Themen und Problemen Rechnung trug. Eugen Bleuler (1898–1927), dem Begründer der «Zürcher Schule», und Carl Gustav Jung schließlich gelang es, die Ideen

Sigmund Freuds klinisch umzusetzen und so im frühen 20. Jahrhundert wegweisende Forschung und Behandlungstherapien im Burghölzli zur Anwendung zu bringen. So war man führend in der Etablierung von Arbeitstherapien, einer Neudefinition des Arzt-Patienten-Verhältnisses und vieler anderer, bis heute immer weiter entwickelter Therapieformen, die sowohl biologische, psychische, soziale und kulturelle Bereiche tangieren.

Wir passieren die Klinikkirche; über deren Eingang steht:

Es schreitet die Zeit
Es schwindet das Leid
Es kehret die Freud.

Wir gehen, vorbei an Verwaltungsgebäuden, geradeaus in Richtung Wald. Verblüfft entdecken wir weidende Schafe unter den Obstbäumen und laufen zur Gärtnerei, die durch die «Stiftung Natur & Wirtschaft» ausgezeichnet wurde, vorbei an Gewächshäusern, und wir realisieren, dass uns hier, nur wenige hundert Meter entfernt vom turbulenten Straßenleben, nur noch Natur umgibt.

Wir folgen dem «Gartenweg» in den Wald und merken, dass kurz nach dem Verlassen des gepflasterten Weges Kies unter unseren Füßen knirscht und das Licht sich ebenso ändert wie die Temperatur. Wir sind in einem gewachsenen Mischwald und laufen bis zum Zaun und dem darin eingelassenen Tor, das in früheren Zeiten den Beginn einer vermeintlichen Freiheit bot und fest geschlossen war.

Wir gehen links weiter und kreuzen den Mittelweg (Namen und Richtung weisen die Eulen). Bei der Kreuzung im Wald geht es rechts den leicht ansteigenden Kiesweg entlang und an der nächsten Gabelung weiter gerade hoch (nicht dem breiten Weg folgend) zu einem anderen Tor, das ebenso in die Freiheit führen könnte. Halten wir inne, hören wir das Knarren von Ästen, das Krächzen eines Raben, als würde er uns hoch zum höchsten Punkt des Weges locken.

Dort angekommen folgen wir dem Weg rechts und nochmals links zehn Schritte und werden vom schönsten Blau des Zürichsees empfangen. Welch eine Stimmung, welche Gedanken mögen den Menschen hier gekommen sein?

Links sehen wir ein altes Hexenhäuschen, ein altes Kassenhäuschen, wir folgen dem Gratweg, hören erste Laute der Stadt, Trams quietschen, einzelne Autos heulen auf, jedoch – wir sehen nur Grün.

Wir gelangen auf eine Lichtung mit Bänken und einem rot-weißen Holzpavillon und erahnen unter uns den steilen Weinberg Riesbachs.

Bei guten Sichtverhältnissen öffnet sich der Blick bei der Feuerstelle über den See und die Alpen. Wir folgen dem Weg rechts hinunter und sehen Richtung Zollikon über Gärten, Felder und Weinberg. Der Weg mündet bei den Klinik- und Institutsgebäuden. Wir wandeln unter der glyzinienbewachsenen Pergola und ruhen unter dieser Galerie auf den schattigen Plätzen, unsere Augen erfreut die «Buntbrache», eine ökologische Ausgleichsfläche von hohem Wert als Lebens- und Fortpflanzungsraum für Pflanzen und Tiere. Manch einer glaubt es vielleicht kaum, aber der

Zürichsee bietet wirklich gute Weine, so auch hier am Rebberg Burghalde, wo Blauburgunder, Räuschling, Gewürztraminer, Kerner, Riesling und Silvaner angebaut werden.

Noch wenige Schritte parallel zum Gebäude, dann stehen wir vor dem Haupteingang und treten ein.

An der rechten Seite der Eingangshalle ist die Wand beschrieben mit einem Zitat aus dem Zimmermannsspruch des Zürcher Dichters Gottfried Keller, den er selbst beim Richtfest am 6. Oktober 1866 vom Dach des Gebäudes vortrug:

Ihr Werkleut! Tretet nun heran!
Ein frommes Werk wird hier getan,
Da aufgerichtet steht der Bau
Weittragend über See und Au!
Die edle Kunst und Wissenschaft
Und unsrer Hände rege Kraft,
Sie bauten bis das Haus bereit,
Das tiefstem Unglück ist geweiht.
Als Warnungszeichen irrt umher,
Des Seele so belastet schwer,
Und ein gerechtes Volk erkennt,
Was es mit Recht sein Höchstes nennt,
Es weiß, dass nur des Geistes Kraft,
Die Welt erhält und Leben schafft
Um hoch zu halten Maß und Licht
Tat dieses Volk die edle Pflicht
Und baut dies Haus mit reicher Hand
Durch unsren Werkmut und Verstand.

Am Empfang ist es möglich, eine Broschüre zur Geschichte des Burghölzli zu erhalten.

Durch diese erfahren wir, dass es zunächst ein altes städtisches Irrenhaus in der Innenstadt am Predigerplatz gegeben hat und die Stadtzürcher mit ihren «Dorfnarren und Torenbuben» recht vertraut waren, nun aber, 30 Minuten Fußweg von der Stadt entfernt, verborgen hinter hohen Mauern, die Bevölkerung Probleme hatte, sich vorzustellen, was denn dort in dieser großen Klinik passiere. Noch heute übrigens sagt man im Sprachgebrauch bei jemandem, der etwas «dumm tut, etwas spinnt»: *Du chunnsch is Burghölzli!* (Du kommst ins Burghölzli.)

Wir berichteten eingangs von dem Gefühl der Beklommenheit. Warum es sich immer noch einstellen kann, hat vielleicht mit dem zu tun, was wir ahnen und erfahren: Auch wenn der moderne Klinikbetrieb keine Hinweise auf Vergangenes gibt, auch wenn diese Klinik nie über Gummizellen verfügte und niemand je Anstaltskleidung trug, allein die äußeren Umstände zeigen uns, welch weiten Weg die moderne Psychiatrie gehen musste, um ihren heutigen Status zu ereichen.

Erst 1886 erfolgte der Anschluss ans städtische Wassernetz, 1908 Anschluss an die städtische Kanalisation, 1920 Elektrifikation; Warmwasserleitungen gab es erst ab 1930, 14 Stunden tägliche Arbeitszeit der Angestellten mit einem halben Tag frei pro Woche waren normal, Ferien gab es erst ab 1900, und «schon 1880 war die Anstalt mit 319 Kranken völlig überfüllt, so dass die Verhältnisse für Patienten und Wartpersonal unerträglich wurden. Für Unruhestifter wurden, nebst den mechanischen Zwangsmitteln und Isolierungen, Narcotica, Opium, Morphium und Chloral angewendet.»

Der Mikrokosmos einer Klinik und sicherlich gerade einer «Irren-Heilanstalt» ist in besonderem Maße ein Spiegel der Zeit- und vor allem der Sozialgeschichte. Gerade der Wechsel von der Agrar- zur Industriegesellschaft, die Jahre der beiden Weltkriege und die neuen Erkenntnisse der Psychiatrie und der Behandlung psychischer Krankheiten sind auf dem Gelände spürbar und fordern eine seltene Mischung aus Respekt und Mit-Leid.

Vom Rigiblick zur Fifa
oder von starken Frauen und ballverrückten Männern

Die Überschrift deutet es an: Heute geht es den ganzen Kamm des Adlisbergs entlang; belohnt werden wir mit bester Aussicht auf der gesamten Strecke. Vom Bellevue aus fahren wir mit der Tramlinie 9 zur Haltestelle Rigiblick.

Neben einem Supermarkt, erkennbar am großen orangen «M», befindet sich die Seilbahnstation, die bergauf führt, und so fahren wir durch Mauern den Baumkronen entgegen bis zur Endhaltestelle auf 586 Metern Höhe über dem Meer.

Rechts sehen wir bei gutem Wetter die Alpen und den See, links können wir in einem kleinen Gartenstück Georg Büchner die Ehre erweisen, indem wir hier an seinem Denkmal uns dieses mit nur 24 Jahren in Zürich an Typhus verstorbenen deutschen Autors erinnern; schließlich sind wir seinen Werken wie

«Leonce und Lena», «Woyzeck», «Lenz» oder «Dantons Tod» vielleicht schon während der Schulzeit begegnet und sicherlich auf jeder deutschsprachigen Bühne in den letzten Jahrzehnten. Alfred Döblin bemerkte zu seinem Tode: «Dieser Büchner war ein toller Hund. Nach 23 oder 24 Jahren verzichtete er auf weitere Existenz und starb. Es scheint, die Sache war ihm zu dumm.» Auf dem Grabmal lesen wir Zeilen des Dichters Georg Herwegh:

Ein unvollendet Lied / Sinkt er ins Grab /
Der Verse schönsten nimmt er mit hinab.

Es ist eine melancholische Reminiszenz an Zürich als Rettungsort für all die 1848er-Revolutionäre, die nach der misslungenen Revolution in Deutschland einen Platz zum Arbeiten und Überleben brauchten.

Wir gehen über die Straße, sehen links das Gelände des Restaurants «Rigiblick» (2007 mit einem Michelin-Stern ausgezeichnet) und des gleichnamigen Theaters, und laufen nun dem Wegweiser nach in den Wald Richtung Zoo-Dolder. Der Spyristeig erinnert an die Jugendschriftstellerin Johanna Spyri (1827–1901), die sich mit ihrem «Heidi»-Buch unvergesslich gemacht hat.

Wir laufen ein paar Meter auf dem Hansliweg und sehen dann bald das Denkmal für Frau Orelli-Rinderknecht (siehe auch nächste Seite). Zuoberst angekommen öffnet sich die Sicht auf ein spektakuläres Alpenpanorama mit Blick vom Glärnisch bis hin zu den Berner Alpen mit der Jungfrau.

Hier oben kann jeder Ferien von der Stadt machen; vielleicht eine halbe Stunde vom Hauptbahnhof entfernt sind wir in einer anderen Welt. Wir könnten rasten in der Susenberggrotte, einem einfachen Gartenlokal in einer Schrebergartenkolonie (geöffnet vom April bis Herbst); wir jedoch gehen weiter und begeben uns in das vor allem wochentags ruhige Gebiet, in dem Dr. med. h. c. Susanna Orelli-Rinderknecht (1845–1939) bis heute eine besondere Rolle spielt: Sie war die Förderin des Volkswohls und begründete den «Frauenverein für Mäßigkeit und Volkswohl», heute Zürcher Frauenverein (ZFV). Es war eine höchst aktive Abstinenzlerbewegung, die den allgemein grassierenden Alkoholmissbrauch jener Zeit mit einem preiswerten alkoholfreien Angebot zu bekämpfen suchte.

Orellis Lebensmotto «Im Guten liegt ewige Lebenskraft» war besonders durch die Zeit Ende des 19. Jahrhunderts geprägt, in der gerade in unteren Schichten Armut, Unterversorgung und hoher Alkoholkonsum herrschten. Es war aber auch jene Zeit, in der das erste Frauenhaus der Schweiz eröffnet und die Initiative «Gegen die straffreie Vergewaltigung» in der Ehe lanciert wurde. 1945 war Susanna Orelli die erste Frau, die es auf eine Schweizer Briefmarke geschafft hatte.

Auf ihre Initiative hin wurde im Jahr 1900 das Kurhaus Zürichberg erbaut, in dem der Schriftsteller und damalige Bankangestellte Robert Walser sich aufhielt; in seinem Roman «Geschwister Tanner» wird es erwähnt.

Der Orelli-Weg, der auch rollstuhlgängig ist, führt uns schließlich zum heutigen Hotel Zürichberg mit geschmackvoll gestaltetem Neubau, einladender Terrasse unter einer riesigen Buche, dem Blick auf neuzeitige Kunst, die in wechselnden Ausstellungen präsentiert wird, und dem historischen Gebäudeteil mit Hotelzimmern, Restaurants, Bar und wohnlich gestaltetem Terrassenbereich. Hier blickt man auf die Stadt, das gesamte Seebecken, die Voralpen und Alpen, und fast möchte man sich kneifen, um zu testen, ob das wahr sein kann, denn es ist überwältigend, diese Weite, diese Schönheit, die sich fast anmutig anbietende Stadt so nah und doch so entrückt zu betrachten. Hier genießt man Ferienstimmung, Frische, Licht und Luft.

Das Bergpanorama zeigt sich in seltener Pracht, und wir sehen von Osten nach Westen die Glarner, Urner und Berner Alpen mit Tödi, Glärnisch, dem Scherhorn, den Uri Rotstock, den Titlis (mit der Seilbahnstation), die Blüemlisalp mit dem herrlichen Gletscher, Eiger, Mönch, Jungfrau, sogar den höchsten und dennoch selten zu sehenden Berg der Berner Alpen, das Finsteraarhorn, können wir entdecken, und ganz nahe natürlich den Zürcher Hausberg, den Üetliberg mit der Felsenegg und dem Albispass.

Ist es übertrieben, wenn wir einen ähnlichen Eindruck haben, als wären wir in Sydney und würden von einem hohen Gebäude über die Stadt, das Meer, die Oper schauen ...? Selten sind solche Momente, hier können wir dieses Gefühl erspüren.

Wir entfernen uns vom Hotel und gehen bis zur Tramhaltestelle, von dort aus folgen wir dem Wegweiser Richtung Zoo und begeben uns durch den Haupteingang auf den Friedhof Fluntern. Erbaut wurde dieser kleine und im wörtlichen Sinne merkwürdige Friedhof 1887. Diese Parkanlage auf einer Lichtung mitten im Wald wirkt speziell, zum Zoo strömen hier manchmal Menschenmassen vorbei; den Weg hierher findet kaum jemand, und so kann uns der wasserspendende Schlauch mit seinem *Zisch, Zisch, Zisch* fast an eine Schlange erinnern, zumal wir bei entsprechendem Wind eindeutig Tierlaute und -schreie aus dem Zoo hören können – sonst fast nichts.

Sehr kultiviert sieht es hier aus, die eher «noblen» Toten dieses Quartiers werden noch posthum geradezu geadelt durch Berühmtheiten und prominente Persönlichkeiten.

In der Nähe des Eingangs befindet sich ein Orientierungsplan; wir finden die Schriftsteller James Joyce und Elias Canetti, den Schriftsteller, Buchhändler und Verleger, «Fürsprecher und Lebensretter der Emigranten» Emil Oprecht mit seiner Frau Emmie, die Schauspielerin Therese Giehse, dann Franklin Bircher, Arzt und Sohn des Erfinders des Bircher-Müeslis Maximilian Bircher, und den Physiker Paul Scherrer. Wir lassen die Ruhe wirken und denken an die Wege, die viele Emigranten auf sich genommen haben, um schließlich hier ihre letzte Ruhe zu finden.

Jetzt bestaunen wir außerhalb dieses Naturhains die Pracht und Größe moderner Architektur, denn gleich *vis-à-vis* hat sich der Weltfußballverband (Fifa) mit seinem Hauptsitz ein Denkmal gesetzt. Das riesige Ensemble wirkt nicht massig, obwohl viele Räumlichkeiten in ihm Platz haben. Keine Ecke ist senkrecht, alles ist besonders, die Materialien Stahl, Beton, Aluminium sind speziell. Das Ganze wirkt kühn und elegant – das Werk einer bemerkenswerten Schweizer Architektin, Tilla Theus, für die Ballverrückten dieser Welt!

Vom Elefantenbach zum Dolder Grand
oder Märchenwiese mit Ausblick

Ausgangspunkt ist der Klusplatz. Wir kommen zu ihm mit den Tramlinien 8 und 15 vom Bellevue oder mit der 3 vom Hauptbahnhof. Der Platz befindet sich an der Schnittstelle der Stadtquartiere Hottingen und Hirslanden und ist laut und hässlich – hat aber einen großen Vorteil. Die drei Tramlinien, zwei Trolleybuslinien (33 und 34) und drei Autobuslinien ins Zürcher Oberland treffen sich hier und spucken tagtäglich unzählige Menschen aus, und entsprechend viele steigen zu.

Wir nehmen den Bus 34 Richtung Kienastenwies, und bereits die zweite Haltestelle mit dem eigenartigen Namen «Schlyfi» ist der Ausgangspunkt unserer Suche nach stillen Winkeln. Die Bushaltestelle ist nicht gerade still, denn die Straße ist sehr stark befahren. Aber wir sind von hier aus ganz schnell im Wald.

Die Straße – an deren Rand wir etwa 50 Meter in Fahrtrichtung weitergehen – beschreibt im Wald eine Schleife von etwa 250 Grad.

Jedoch nicht deshalb heißt die Gegend «Schlyfi» (der Dialektausdruck für Schleife), sondern weil an dieser Stelle 1852 eine durch das Wasser des Stöckentobelbaches betriebene Schleiferei entstand. Bis 1933 war sie in Betrieb, das Gebäude wurde aber leider 1968 abgebrochen.

Wir gehen rechts eine Treppe hinunter zum Fußgängertunnel, der die Straße in der Schleife unterquert. Kaum haben wir ihn hinter uns gelassen, fällt bereits der erste Blick auf den Bach und einen Wasserfall. Es wird nicht der letzte sein, dem wir auf unserer Wanderung begegnen. Über eine erste Brücke erblicken wir einen angenehm naturnah gebauten Wasserschutz, ein Rückhaltebecken, damit Straße und Tunnel nicht durch die recht häufigen Hochwasser beeinträchtigt werden. Das absolut klare Wasser des Baches sucht sich mäandernd seinen Weg durchs Tal, gelegentlich zeigen sich veritable Schluchtwände. Immer wieder bilden sich kleine Wasserfälle, und bereits das Gurgeln des Wassers auch bei Niedrigwasser ist lauter als der Straßenlärm.

Keine 15 Minuten weiter führt der gut zu begehende Weg über eine 1898 gebaute Brücke. «VVZU E. Näf-Hatt» ist in die Brücke eingemeißelt. VVZU kann mit Verschönerungsverein Zürich und Umgebung übersetzt werden. Und Emil Näf-Hatt war dazumal Präsident dieses Vereins und Initiant vieler Aktivitäten rund um Zürich. Von der Brücke aus sehen wir bereits, warum die Bevölkerung den Stöckentobelbach nur Elefantenbach nennt. Ein großer steinerner Elefant steht mitten im Bach, umflossen von den klaren Wassern des Adlisberges, wie dieser Hügel in Zürich genannt wird. Der Mär nach soll es sich um einen Kriegselefanten Hannibals handeln, der sich hier, müde geworden, zur Ruhe setzte und versteinerte. In Wirklichkeit dürfte das Steintier ebenfalls im vorletzten Jahrhundert erschaffen worden sein.

Emil Näf-Hatt verschweigt, wer der Urheber des Riesentieres ist. Auf alle Fälle ist hier ein Platz zum Spielen. Man kann sich mit dem Elefanten fotografisch verewigen lassen, auf durch Sturm gefällte Baumstämme über den Bach balancieren – alles ist möglich und das Beste: Meist ist der Waldflaneur allein. Begegnen uns doch Menschen, werden wir freundlich gegrüßt und grüßen zurück.

Wir verlassen den Elefanten, bewegen uns weiterhin bachaufwärts und freuen uns daran, wie behutsam die Natur von Menschenhand gebändigt wurde, damit Schäden durch Hochwasser und Bergrutsche vermieden werden können.

Nach der dritten Brücke öffnet sich das Stöckenbachtobel, die Hänge links und rechts sind etwas weniger steil und die Sonne schafft durch das Grün der Bäume wunderbare Lichtspiele. Die vierte Brücke, laut Tafel des Tiefbauamtes der Stadt Zürich «Brücke Nr. 07F/W18» (Baujahr unbekannt), wird überschritten. Wir folgen weiterhin dem Bach, eine weitere Brücke lassen wir rechts liegen und wandern durch eine Urlandschaft, fast wie im Nationalpark. Überall liegen durch Sturm oder Alter gefallene Bäume, nur da, wo der Weg entlangführt, wurden die

Stämme einfach durchgesägt, damit ein Weiterkommen möglich ist.

Wenn wir unseren Blick dafür schärfen, sehen wir, wie unzählige Kleinlebewesen das Unterholz und die umgestürzten Baumstämme zu ihrem Lebensraum machen. Wir erahnen die Kraft der Wurzeln, die die Bäume auch noch an den steilsten Bergflanken halten, obwohl das Erdreich rundherum bereits weggespült worden ist.

Welch ein Paradies für das niedliche, ganz dunkelbraune Eichhörnchen, das erschrickt, wieder einmal einen Menschen zu bemerken, und das bei den hohen, schlanken Buchen sein Winternest findet.

An der sechsten Brücke ist eine Lichtung: ein Ried (eine Nasswiese) mit zauberhaften Gräsern und Schilf mitten im Wald. Jeweils im Herbst wird dieses Idyll gemäht, damit nicht der Wald davon Besitz nimmt. Es ist bemerkenswert, wie der Mensch die Natur bearbeitet, damit sie uns «natürlich» vorkommt. Nun verlässt unser Weg den Bachlauf und führt eine steile, feuchte Flanke hoch mit Ausblick auf weitere Riedgebiete. Plötzlich sind wir im Wohnquartier Looren im Stadtteil Witikon.

Wir folgen dem Hinweis «TCW» in Richtung Degenried/Dolder/Zoo. Das Loorenquartier ist sicherlich eine der verschwiegensten und ruhigsten Wohngegenden der Stadt Zürich. Es fallen die vielen Privatstraßen auf, ein Phänomen, das in der Stadt sonst kaum existiert. Wir kommen an allerlei auffälligen, verschiedenartigen Häusern vorbei. Vor allem das Loorengut an der Eschenhausstrasse 39 ist nicht zu übersehen. Das riesige Grundstück gehört einer Stiftung, deren Stiftungszweck darin besteht, die Landschaft rund um das Loorengut vor jeglicher Überbauung freizuhalten; insbesondere soll der Öffentlichkeit die herrliche Aussicht in der Umgebung des Loorengutes erhalten werden.

Und das genießen wir nun voll. Gegenüber vom Tennisplatz ist sie, die «Märchenwiese mit Aussicht». Wir setzen uns auf eine der Bänke, blinzeln der Sonne entgegen und stellen wenig überrascht wieder einmal fest, dass die Stadt nah bei den Alpen liegt – Ruhe, Weite, über den Baumwipfeln des Tobels die alte Kirche von Witikon und dahinter eine phantastische Alpenwelt. Erhaben, abgehoben, kein Geräusch als das gelegentliche Aufschlagen der Tennisbälle. Ab und zu tauchen Schafe oder Rinder auf der Wiese vor uns auf. Und die Gedanken fliegen – wie lange noch kann man bis hierher laufen, warum wachsen Bäume nicht in den Himmel, warum schmiegen sie sich wie in einer Silhouette harmonisch ineinander?

Wir sind knapp eine Stunde gelaufen, Plantschereien beim Elefanten und Kletterpartien nicht eingerechnet. Wir gehen wieder in den Wald hinein. Die Eschenhaustrasse – ein schöner breiter Waldweg – führt uns leicht abwärts durch einen Mischwald in Richtung Degenried. Nur ein einziges Geräusch ist zu hören, ein Hubschrauber auf dem Weg zu einem der nahen Krankenhäuser.

Wir sehen, dass Menschenhand in den letzten Jahren einiges zu tun hatte. Stürme und starke Niederschläge haben dem Wald zugesetzt. Neue Wege und sogar Bäche sind entstanden. Eine Wasserfassung am Wegesrand zeigt, dass die Stadt einen Teil des Trinkwassers hier vom Adlisberg oder einem der anderen «Berge» der Stadt entnimmt. Noch 15 Prozent der benötigten Menge ist Quellwasser, weitere 15 Prozent Grundwasser, die Hauptmenge von 70 Prozent ist Wasser aus dem Zürichsee.

Sehr schnell sind wir am Degenried auf 580 Meter über dem Meer. Der höchste Punkt des Adlisberges ist übrigens 701 Meter hoch; für Kraxler ist das nicht wirklich eine Herausforderung. Das Degenried ist zuerst einmal ein Waldrestaurant, das bereits 1888 im schweizerischen «Laubsägelistil» erbaut wurde. Dann entstand 1972 ein Holzhausneubau, solide mit Lärchenholzdecke, Buchenholzstühlen und sandgestrahlten Tannenholzwänden ausgestattet.

Ein eigentliches Degenried existiert nicht mehr. 1976 wurde die Sumpfebene im Wald entwässert, ein romantischer Weiher entstand sowie eine Wiese mit Brunnen, Bänken und Grillplätzen. Unser Weg führt den Weiher entlang. Viele Stelen mit Informationen zu Bäumen und Sträuchern, die am Pfad aufgestellt wurden, können die wenigen Minuten länger werden lassen, die wir benötigen, bis der Golfplatz sichtbar wird. Hier versteht man auf einmal den Begriff «Green». Das Grün des Golfplatzes mitten in den unterschiedlichsten «Grüns» des Waldes bietet erstaunliche Variationen dieser einen Farbe.

Und im Winter, wenn der Golfplatz unter dem Weiß einer Schneedecke verborgen ist, vergnügen sich die kleinen Kinder der nahen Stadt mit Schlitten auf diesem kostbaren Boden. Nun wird es plötzlich sichtbar: das Gebäude, zu dem der Golfplatz gehört. The Dolder Grand Hotel strahlt mit Altbau aus dem

Jahre 1899 und dem Neubau des berühmten Architekten Norman Foster aus London im neuen Glanz und thront als Aussichtskanzel über der Stadt.

Die Kurhausstrasse führt uns an diesem gigantischen, jedoch eleganten Bau entlang. Wir versuchen einen Blick durch die Fenster zu erhaschen und kommen nach wenigen Metern zur Haltestelle Waldhaus der Dolderbahn. Sie wurde 1894 als Standseilbahn zum Ausflugslokal Waldhaus gebaut. Das Waldhaus ist heute ein großes Hotel im Stile der 70er-Jahre des letzten Jahrhunderts. Die Bahn ist seit 1973 eine Zahnradbahn und fährt in der Regel alle 10 Minuten stadtwärts zum Römerhof. Wir steigen ein und sind nach wenigen Augenblicken wieder in der Stadt. Wäre jetzt bereits Winter, kämen uns sicherlich etliche Leute, groß und klein entgegen, um mit eben dieser Bahn zur märchenhaft gelegenen Kunsteisbahn hoch hinauf in den Wald zu fahren und für ein paar Stunden im Eisprinzessinnenreich den Alltag zu vergessen.

Wir tauchen jedoch ein in das Häusermeer und werden das befriedigende Gefühl auskosten, Gutes für Leib und Seele in diesen Stunden getankt zu haben.

Oerlikon
oder das postindustrielle Zürich

Wir fahren vom Hauptbahnhof mit der S-Bahn zum Bahnhof Oerlikon und gehen zur Nordseite des Bahnhofs. Vor uns liegt eine «neue» Stadt, gebaut in den letzten sechs Jahren auf dem Gelände der Maschinenfabrik Oerlikon (MFO).

Großzügigkeit, moderne Architektur, ein städtebauliches Gesicht des neuen Jahrtausends zeigt sich uns, durchkomponiert, und ein Beispiel dafür, wie Umnutzung von Industriegelände vorbildlich und erfolgreich gelingen kann, wenn eine Stadt den Willen zur Gestaltung besitzt.

Beton, Glas, Stahl sind die dominanten Werkstoffe, allein die Straßennamen erinnern an das vergangene Jahrhundert und seine Kulturbeflissenen, die in Zürich eine Zeit lang gelebt und eine Heimat gehabt haben. So gehen wir zunächst durch die Therese-Giehse-Strasse, biegen ein in die Elias-Canetti-Strasse und sehen nun hinter der James-Joyce-Strasse eine große, begrünte, transparente Halle aus den Werkstoffen Stahl und Holz, umrankt von Pflanzen, auf einer Fläche von 0,86 Hektaren.

Hier ist wahrlich Großes und Besonderes erschaffen worden, und wir staunen. Der internationale Industriekonzern ABB (vormals BBC und ursprünglich Maschinenfabrik Oerlikon, gegründet 1876) hat das alte Fabrikgelände stillgelegt, demontiert und völlig saniert der Stadt übergeben, die dann ab 2001 das Areal bebauen ließ. Die Architekten und Landschaftsarchitekten schufen eine großvolumige Halle, die dank Stahl und Inox-Rankhilfen für Dutzende von Kletterpflanzen eine grüne Hülle besitzt; Wände, die duften, Feingliedrigkeit, die mit dem Licht spielt. Ein Weg führt über Stege und Treppen, über Balkone und Loggien hoch hinauf auf das begrünte Sonnendeck.

Wir folgen diesem Weg auf den etwas schwingenden Treppen und genießen diese zur Zeit blühende Oase, und das Auge bemerkt die Wohltat, keine anderen Farben zu sehen als Holztöne und Grün. Die Leichtigkeit und Kühnheit der Konstruktion schenkt dem Besucher positive Gefühle, wie Architektur und Natur in der modernen Welt sich befruchten und der Mensch mit der Natur stimmige Allianzen eingehen kann.

Immer wieder laden großzügige Holzliegen zur Ruhe ein und zum Träumen unter einem grünen Dach. Wir hören keine Geräusche von außen, wir staunen über die Vielfalt der Pflanzen und erkennen Reben, Glyzinien, Knöterich, Waldgeißblatt, Geißblatt, Jasmin, unterschiedliche Sorten von Klematis,

Hopfen, Kletterrosen und vieles mehr. Dieser riesige Raum bietet Geborgenheit und Schutz, die Pflanzen, Ranken, Hecken sehen gesund und prosper aus, die Natur zeigt ihre Lebenskräfte und es ist uns, als würde diese Lebendigkeit auf uns übertragen.

Waren wir wie gelähmt durch die Stadt, das Grau der Häuserfronten und die Kahlheit der Straßenzüge, sind wir jetzt wie auf einer saftigen Weide, wie in einer Oase, wie unter dem Dach eines riesigen Baumes. Wir fühlen uns rundum wohl.

Das Fundament bietet ein Betonboden, in den 25 ebenfalls mit Ranken begrünte und bewegliche Stahlstelen eingelassen sind, Hecken aus Eiben und Buchen bilden kleine Räume, Inseln entstehen mit glitzerndem Industrieglas, das die Schritte dämpft; das Regenwasser wird in Becken gesammelt und den Pflanzen zugeführt, unterirdische Speicher regulieren den Wasserhaushalt. Diese riesige Konstruktion ist mehrfach ausgezeichnet worden, unter anderem mit dem *public design*-Preis 2003 sowie mit der «Würdigung Deutscher Landschafts-Architekturpreis 2003». Sie bietet für uns im besten Sinne sicherlich am Wochenende einen stillen Ort, in dem jedoch auch alltags sowohl hier Arbeitende als auch Messebesucher (das Messegelände Zürich ist in unmittelbarer Nähe) eine ausgleichende und geradezu erquickende Atmosphäre finden, in der die Welt wie außen vor bleibt.

Wir möchten diesen besonderen Ort kaum verlassen, sind gespannt darauf, wie dicht im Laufe der Jahre das Grün das Licht verdrängen wird (deshalb wird auch eine permanente Beleuchtung der Seiten-Grünwände geplant, und ab und zu gibt's einen Schnitt) und bewegen uns jetzt wieder auf die unterschiedlichen Grautöne, das Glas, den Backstein, das Metall zu. Hier wirkt Zürich wirklich großstädtisch, wir können uns weiter auf diesem modernen Areal bewegen, überlegen, ob wir hier wohnen möchten bzw. wie die Menschen in dieser Modernität und neuen Urbanität leben.

Inzwischen sind wir über die Ricarda-Huch-Strasse wieder auf dem Rückweg. Erneut in der Therese-Giehse-Strasse, sehen wir vor den Gleisen rechts den Emil-Oprecht-Platz und stehen staunend vor der großen Plastik des Schweizer Bildhauers und Eisenplastikers Silvio Mattioli, links liegt der Max-Frisch-Platz.

Max Frisch würde diese neue Stadtkultur wohl schätzen, hat er doch selbst einen Stadtteil Zürichs (Altstetten) architektonisch geprägt. 1942 gewann er gegen eine Konkurrenz von 82 anderen einen Wettbewerb und konnte 1947 mit dem Bau des Freibades Letzigrund beginnen. Auf dem Bauplatz hat ihn sogar Bertolt Brecht besucht. «Und die Aufgabe ist sehr reizvoll, stark landschaftlich und gärtnerisch, unmonumental, fröhlich», schrieb der damals 32-jährige Autor an seine Mutter.

Auch dieser Ort, der MFO-Park, ist «reizvoll, stark landschaftlich und gärtnerisch», Laien wie wir können staunend neueste Raum-, Stadt- und Landschaftsgestaltung betrachten und finden Oasen der Ruhe und Beruhigung, Architekten und andere Zugewandte werden erkennen, wie wegweisend die Umsetzung des Auftrags durch die Landschaftsarchitekten Raderschall aus Meilen und die Architekten Burckhardt + Partner aus Zürich gelungen ist.

Klettersteig zum Uto-Kulm
oder der Weg des Bäckers

Etwas übertrieben klingt diese Überschrift schon, als ob es keine anderen Wege dorthin gäbe. Es gibt natürlich viele «normale» Wege, die auf Zürichs Hausberg, den Üetliberg, führen, aber bei unserer Variante kann sich der Wanderer sicher sein, dass kaum ein anderer ihm begegnet. Allerdings sollte er auch mit festem Schuhwerk ausgestattet sein; Sandalen- oder Birkenstock-Träger könnten es schwer haben.

Wir steigen an der Haltestelle Bahnhofstrasse/Hauptbahnhof in das Tram Nummer 13 Richtung Albisgütli. Nach gerade mal 17 Minuten erreichen wir die Endhaltestelle. Die Stadt liegt hinter uns. Wie eine Trutzburg steht das Schützenhaus da, daneben die großen, meist leeren Plätze, auf denen seit 1899 jeweils Anfang September die größte «Chilbi» (Kirmes) der Schweiz stattfindet, das «Knabenschießen». Keine

Bange, natürlich wird nicht auf Knaben geschossen, sondern Jungen – und seit 1991 auch die Mädchen zwischen 13 und 16 Jahren – nehmen an einem Schießwettbewerb teil. Es ist eine jahrhundertealte Tradition, die alle Wirren überlebt hat. Die Schießanlagen werden wochentags ganz regulär benutzt. An solchen Tagen empfiehlt sich unser Ausflug nicht. Über Telefon 044 412 28 44 oder 044 412 20 26 kann man erfahren, ob Schießbetrieb ist oder nicht; das Schützenhaus ist gewissermaßen von Fall zu Fall ein stiller Winkel.

Nun – es ist also schießfreier Tag; wir steigen aus dem Tram und wenden uns bergwärts dem Waldrand zu. Dort, wo der Hauptwanderweg in den Wald hineinführt, gehen wir rechts auf der Straße weiter den Waldsaum entlang und blicken über Wiesen, Tennisplätze, Ställe mit Eseln und haben Sicht auf Stadt und See. Nach wenigen Metern erreichen wir den Weiler Kolbenhof, umgeben vom Wald, darüber thront der Gipfel mit Fernsehturm, Kulmhotel und Aussichtsturm. Für eine Einkehr ins Gasthaus Kolbenhof ist es für uns heute Morgen noch zu früh.

Unser Weg auf den höchsten Berg der Stadt Zürich wird uns über eine der vielen *Eggen* führen, die für den Osthang des Berges typisch sind. Es sind trockene, oft mit Föhren und Rottannen bewachsene Seitenrippen, zwischen denen eher feuchte Gräben, Tobel, Mulden oder Erosionstrichter liegen.

Ein Wegweiser mit verschiedenen Hinweisen zeigt unter anderem auf den «Denzlerweg/Utokulm». Das ist unsere Route. Nach wenigen Metern ist kein Asphalt mehr unter unseren Füßen. Wir laufen einen Bach entlang bergwärts. Von einer sehr schönen Holzbrücke aus haben wir Einblick in Bachverbauungen aus Holz. Es ist offensichtlich, dass dieser Berg nicht so stabil ist, wie es aus der Ferne den Eindruck macht. Bei einem ersten hausgroßen Felsblock folgen wir dem mit gelber Farbe gemalten Hinweis D. W.

Wer oder was ist eigentlich Denzler? Felix Denzler war Bäcker an der Augustinergasse 46 nahe der Bahnhofstrasse und lebte von 1863 bis 1917. Während Jahren belieferte er das Berggasthaus Uto-Kulm zu Fuß mit Backwaren. Er soll auf diesem Weg den Üetliberg etwa 4000 Mal bestiegen haben.

Der Weg wird steiler, überall liegen Felsblöcke, und dann kommt eine Verzweigung. Beide Wege sind möglich. Der linke ist steiler und kürzer. Bei einer verwitterten Holzbank treffen beide Wege wieder zusammen. Hier heißt es aufpassen. Ein paar Meter noch und dann geht es rechts hoch. Das gelbe Zeichen D. W. an einem Baum weist uns die Richtung. Es wird nun weniger steil, fast flach, und wir kommen auf eine der Eggen – die Kolbenhoferegg.

Durch die Bäume haben wir endlich etwas Sicht auf die Stadt unter uns. Der «normale» Weg führt geradeaus den Hang entlang. Wir wenden uns nach rechts steil den Grat hinauf, eher Spur denn Weg: lehmig und rutschig, nichts bei nassem Wetter. Auch die Hände werden manchmal gebraucht, um die steilsten Stellen zu überwinden. Eine Fluh aus Sandstein wird durchklettert, der Fels ist bröcklig und weich. Plötzlich treffen wir auf eine eingerichtete Feuerstelle mit Metalltischchen zum Grillen – mit Seesicht notabene.

Weiter geht es steil hoch. Der Weg führt aus dem Wald, in der Ferne sehen wir die Alpen, nur – wo ist der Weg? Ein Steilabbruch – der Weg ist abgerutscht. Deshalb gehen wir drei Meter zurück und eine kleinere Spur hoch, und mit Hilfe von Ketten und einer Leiter geht es locker durch die Gipfelwand. Plötzlich Stimmen, erste Spuren von Zivilisationsmüll. Wir sind drei Meter unterhalb der Gipfelplattform. Wir steigen neben den Füßen der Aussichtskanzelgenießer hoch und klettern schnell über die Abschrankung. Erstaunte Blicke konstatieren: Wo kommen denn die her?

Wir betrachten die wunderbare Aussicht auf Stadt, See, Wiesen, Wälder und Berge und verschwinden schnell. Hier oben ist in der Regel ein Trubel wie in einer Einkaufsstraße. Kein Wunder, eine S-Bahn führt vom Hauptbahnhof aus in 20 Minuten bis knapp unterhalb des Gipfels. Hier haben wir die Qual der Wahl. Am leichtesten geht es mit der Bahn oder auf einem der vielen Wege, die gut bezeichnet und angenehm zu gehen sind. Manche verlaufen zwar auch steil, so der Linderweg (benannt nach dem Telegrafenangestellten Emil Linder; 1862–1928), der vom Weiler Friesenberg über die Rossweidliegg zum Uto Staffelweg führt und «unseren» Denzlerweg kreuzt, aber sie sind nicht mit unserer «geheimen» Aufstiegsroute zu vergleichen.

Der schnellste Abstieg führt gleich neben dem *Chänzeli* ein paar Meter von unserem Ausstieg linkerhand steil über Treppen hinunter, der «Leiterliweg», der durch die pittoresken Nagelfluhfelsen hinunter zum Uto Staffel führt. Ein paar Meter weiter geht es auf dem breiten Gratweg und dann links den Laternenweg steil hinunter zu unserem Ausgangspunkt

Albisgütli, wo uns das Tram Nr. 13 wieder zur Bahnhofstrasse bringt. Wer jedoch oben auf dem Gipfel genug von der Stille hat, kann den Aussichtsturm besteigen und ist dann noch 30 Meter höher; kein Baum trübt hier die Rundumsicht.

Historisch Interessierte haben auf dem Uto Kulm, so heißt der mit 871 Metern höchste Berg der Stadt, die Möglichkeit, frühe Siedlungsgeschichte anschaulich zu studieren: nördlich des Gipfels Ruinen einer Burganlage; Einzelfunde aus der jüngeren Steinzeit (3000–1800 v. Chr.), erste Befestigungen in der späten Bronzezeit (etwa 1000 v. Chr.).

Auch die Römer hatten hier einen Wachtposten und der alemannisch-bayrische Herzog Uatilo baute im frühen Mittelalter eine Burg. Ein «Neubau» entstand anfangs des 13. Jahrhunderts durch die Freiherren von Regensberg, der jedoch bereits 1267 durch die Zürcher unter Rudolf von Habsburg zerstört wurde. Ruinen mittelalterlicher Burgen gibt es noch einige an den Hängen des Berges.

Keine Spuren finden sich mehr von der Skischanze, die von 1954 bis 1994 in Betrieb war (Schanzenrekord immerhin 41,5 Meter, gesprungen von Sepp Zehnder).

Ein Tipp für neblige Herbst- und Wintertage: Nicht selten gibt es – wenn die Stadt im Nebel versinkt – auf dem Üetliberg strahlenden Sonnenschein. An solchen Tagen verkehrt diese Tramlinie mit einer Tafel «Üetliberg hell». Allerdings: Einsamkeit ist dann nicht leicht zu finden. Der Üetliberg ist jedoch so reich gegliedert, dass der mutige Forscher seinen eigenen stillen Winkel aufspüren wird.

C. G. Jung-Institut
oder Küsnachts Traumort

Unsere letzte Exkursion in die Kontemplation geht (zumindest vordergründig) aufs Land, in diesem Falle nach Küsnacht im Kanton Zürich. Wir steigen am Hauptbahnhof Zürich in die S-Bahn Linie S 6 oder S 16, oder gehen vom Bellevue in Richtung Bahnhof Stadelhofen und steigen hier in die S 6 zu. Vor hier geht es bis Küsnacht ZH (diese Kurzzeichen nach Orten weisen in der Schweiz immer darauf hin, in welchem Kanton sich ein Ort befindet; sie sind übrigens identisch mit den Kennzeichen auf den Autoschildern). Für Küsnacht ist es klug, sich das Kantonszeichen anzusehen, denn es gibt mehrere Orte gleichen Namens.

Nach gut zehn Minuten sind wir in Küsnacht und schlendern direkt in Richtung See. Das ist an diesem angenehm warmen Sommernachmittag insofern nicht ganz einfach, da eine ganze Rotte von Mitmenschen offensichtlich auf denselben Gedanken gekommen ist und es gerne einsam hätte; wir sollten es eigentlich wissen: Die halbe S-Bahn leert sich in Küsnacht ZH. Durch eine Unterführung werden wir unter der viel befahrenen Seestrasse hindurch zur Dampferanlegestelle geführt.

Rechts sehen wir das Hotel Sonne, die «Sonne» in Küsnacht ist für Zürichs Seehungrige ein überaus beliebter Platz. Hinter dem Hotel befindet sich nämlich eine recht große Gartenanlage. Früher musste sich jeder, der etwas essen wollte, an der Selbstbedienungstheke die Getränke heraussuchen und an einer Kasse das gewünschte Gericht bezahlen, und erhielt dafür einen Bon mit einer Nummer. Im Hintergrund stellten eifrige Köche dann das Gewünschte zusammen, und eine Person an der Kasse war die ganze Zeit damit beschäftigt, über eine den ganzen Platz beschallende Lautsprecheranlage Nummern auszurufen.

So wie beim Tennis Köpfe und Augen kollektiv den Ballverläufen von Seite zu Seite folgen (achten Sie einmal im Fernsehen darauf), führte jeder Aufruf dazu, dass sich alle Köpfe selbstvergewissernd über die Bons beugten, ob sie ihr Essen schon abholen konnten. *Tempi passati*. Heute besteht der Selbstbedienungsservice modern-rationell aus den üblichen weiß-silbern blitzenden Stahlschalen, Stahltöpfen, kleinen Wärmeplatten und Salatbuffets, an denen sich jede(r) selbst bedienen kann.

Einer der Zürichsee-Dampfer hält an der Anlegestelle und entlädt eine weitere Gruppe von Schweizern und Amerikanern, die sich, ob der Hitze einander Kühle zuwedelnd, auch in den «Sonne»-Garten stürzen. Das alles mag nicht animierend klingen, aber es ist zweifelsohne ein angenehmer Platz, bei dem man ein außergewöhnliches Panorama von See und gegenüberliegender Bergkette in spätsommerlicher Wärme genießen kann – wenn man denn einen Sitzplatz findet. Aber es kann hier auch still sein, und zwar vormittags. Wer dann hier seine Ruhe sucht, etwa ab 10 Uhr, wird sich knapp zwei Stunden ungestört seinem Buch oder der Betrachtung der Aussicht hingeben können.

Heute ist es aber eindeutig zu laut. Wir biegen links ab in den Hornweg, der an einer kleinen Werft vorbeiführt, aber oje: Auf diesen wenig originellen Gedanken sind auch viele andere gekommen. Ein breiter Menschenstrom wälzt sich den Küsnachter Seeparkanlagen entgegen. Sicher wird es dort nicht immer so laut sein wie heute. Nach einer kleinen, fast intimen Bucht mit einer Holzhütte am Ufer folgen dann die größeren Küsnachter Parkanlagen, die wie ein großes Viereck in den See ragen.

Als wir dem Spazierweg folgen, geht unser erster Blick auf eine Skulptur von – Hermann Haller: «Die Schwebende». Diesen international bekannten Berner Bildhauer treffen wir nun schon zum dritten Mal in Zürcher Gartenanlagen an. Ist die nackte Dame Hallers zweite, dritte oder vierte Frau? Man weiß, dass der Künstler die Inspirationen aus dem heimischen Umfeld schätzte. Ein dankbarer Küsnachter Mäzen hat die Skulptur seiner Gemeinde geschenkt; einige Rüpel haben die Statue mit silbernem Lack besprüht.

Wir lassen eine zweite Skulptur (nicht von Hermann Haller, «Jüngling mit Fisch») und den Kinderspielplatz fluchtartig hinter uns und folgen der Asphaltierung weiter Richtung Osten. Nun wird es auch bedeutend leerer. Der Weg befindet sich nicht mehr direkt am See, sondern rechts von uns stehen hohe, mehrstöckige Bürgervillen, die Ende des 19., Anfang des 20. Jahrhunderts hier gebaut sein mögen, filigrane Zäune, zugewachsene Gärten, efeuumrankte Häuser. Und was ist aus den Grundstücken links geworden? Teure Appartments für Neureiche, bei denen das Vermögen für den Luxus des alten Geldes nicht gereicht hat.

Plötzlich wird es lichter: Eine recht große Gartenanlage umgibt ein frei stehendes, zweistöckiges Haus, das im Stil der Mitte des 19. Jahrhunderts mit Spitzdach errichtet wurde. Ein Schild am Garteneingang informiert uns, dass sich hier das C. G. Jung-Institut befindet, und ein weiteres, am Haus angebracht, dass hier während vier Jahren der Schweizer Schriftsteller Conrad Ferdinand Meyer (1825–1898) wohnte. Meyer war im 19. Jahrhundert auch in Deutschland als Verfasser historischer Romane sehr bekannt. Allerdings werden heute wohl nur noch sein Roman «Jürg Jenatsch» und die Novelle «Gustav Adolfs Page» gelesen.

Das Institut wurde 1947 von dem neben Freud wichtigsten Inspirator der Psychoanalyse Carl Gustav Jung (1875–1961) gegründet. Der Mann bewies praktischen Geist, denn sein Wohnhaus befand sich zwar nicht gerade einen Steinwurf entfernt, aber doch recht nah an diesem Ort. Auch heute noch ist das Institut eine wichtige Pilgerstätte für die Anhänger der «Analytischen Psychologie».

Jetzt machen wir etwas, was außer uns keiner macht: Wir öffnen das Gartentor des Instituts und gehen in den Garten. Ein geflegtes Gartenensemble erwartet uns, Beete mit Rosen und Hagebuttensträuchern, alles – Beete, Rasenflächen und Gebüsche rund ums Haus – akkurat gepflegt. Eine breite verputzte Balustrade grenzt den Garten zum See ab. Wir setzen uns auf eine Steinbank und starren in die Sonne.

Am Seeufer steht ein kleines Holzhaus, dessen Tür wir öffnen und in das wir hineinstapfen. Zur Seeseite ist die Hütte durch eine Holzbalustrade begrenzt. Man kann sich den Ort auch gut als Angelplatz vorstellen: Man bleibt immer trocken, kein Fisch beißt an – dann ist es ein schöner Ort für Anglerlatein… Wir setzen uns auf die Holzbank und haben erstmals auf diesem Spaziergang das Gefühl, angekommen und nicht von der Masse der Mitmenschen bedrängt zu sein.

Obwohl der Zürichsee nicht nur an den Ufern, sondern auch auf seinen Wassern gut besucht ist – vor allem Motorbootverkehr schränkt den Naturgenuss ein –, ist dieser Garten ein Rückzugsort der besonderen Art. Die spiegelnde Wasserfläche, das Summen der Fliegen, das Gleißen der Sonne über dem graublauen Dunst der gegenüberliegenden Bergkette – all das lässt genügend Raum, um sich vorzustellen, dass dieses Plätzchen früher ein verwunschen ruhiger Ort gewesen sein muss: alle vier Stunden ein Dampfer, ab und zu ein Ruder-Achter und sonst Stille. Völlig ist in unserer Welt keine Stille mehr zu haben, aber wir sind ihr wenigstens nahegekommen.

Literatur

Barraud Wiener, Christine/Jezler, Peter: Die Stadt Zürich I. Die Stadt vor der Mauer, mittelalterliche Befestigung und Limmatraum (Die Kunstdenkmäler des Kantons Zürich). Basel 1999.

Baumann, Walter: Zürich. Ein Führer durch die Stadt. Zürich 2003.

Bermbach, Udo: Richard Wagner. Stationen eines unruhigen Lebens. Hamburg 2006.

Foppa, Daniel: Berühmte und vergessene Tote auf Zürichs Friedhöfen. Zürich 2000.

Fries, Heinrich: Im Zürcher Oberdorf. Geschichten und Denkwürdigkeiten von seinen Gassen und Häusern, vom Leben und Wirken der Bewohner. Zürich 2001.

Humm, Rudolf Jakob: Bei uns im Rabenhaus. Neu herausgegeben von Martin Dreyfus. Frauenfeld 2002.

Jung, Joseph: Alfed Escher 1819–1882. Zürich 2007.

Kosch, Arlette: Literarisches Zürich. 150 Autoren – Wohnen, Wirken und Werke. Berlin 2002.

Kübler, Arnold: Zürich erlebt, gezeichnet, erläutert. Zürich 1960.

Loacker, Norbert/Hänsli, Christoph: Wo Zürich zur Ruhe kommt. Die Friedhöfe der Stadt Zürich. Zürich 1998.

Maurer, Hannes: Zürich zum Nulltarif: Skurriles, Merkwürdiges, Unbekanntes. Zürich 2006.

Michel, Regula: Der Friedhof Sihlfeld in Zürich-Wiedikon. Schweizerischer Kunstführer. Bern 2002.

Nievergelt, Dieter/Maggi, Pietro: Die Giacometti-Halle im Amtshaus 1 in Zürich. Bern 2000.

Nievergelt, Dieter/Nievergelt, Frank/Stutz, Werner: Das Krematorium Sihlfeld D in Zürich. Schweizerischer Kunstführer. Bern 1989.

Psychiatrische Universitätsklinik Zürich (Hrsg.): Aus der Geschichte der Psychiatrischen Universitätsklinik. Burghölzli Museum. Zürich, o. J.

Rohrer, Judith/Grün Stadt Zürich (Hrsg.): 12 Gärten. Historische Anlagen. Zürich 2004.

Spinner, Wilfried/Weigner, Gladys (Hrsg.): Zürich. Stadtführer für Zürcher und Nichtzürcher. Zürich 2000.

Wagner, Cosima: Die Tagebücher 1. 1869–1877. München 1976.

Wottreng, Willi: Die Millionärin und der Maler. Zürich 2005.

Adressen

Hinweis: Bei öffentlichen Parkanlagen, die tagsüber durchgängig geöffnet sind, und bei Restaurants, die Hotels angeschlossen sind, wurde auf die Angabe der Öffnungszeiten verzichtet.

Adressen der öffentlichen Parkanlagen und Friedhöfe:
Belvoirpark, Seestrasse 125, 8002 Zürich.
Friedhof Sihlfeld A–E, Aemtlerstrasse 151, 8003 Zürich. Telefon 044 492 17 50.
Friedhof Fluntern, Zürichbergstrasse 189 (am Zürcher Zoo), 8044 Zürich. Telefon 044 251 87 00.
Friedhof Uetliberg, Friesenbergstrasse/Borrweg 253, 8055 Zürich. Telefon 044 461 21 17.
Friedhof Manegg, Thujastrasse 60, 8038 Zürich. Telefon 044 482 10 03.
MFO-Park, Sophie-Täuber-Strasse/James-Joyce-Strasse, 8057 Zürich.
Neuer Botanischer Garten der Universität Zürich, Zollikerstrasse 107, 8008 Zürich, Telefon 044 634 84 61.
Rieter-Park, Seestrasse 110, 8002 Zürich, oder über das Museum, Gablerstrasse 15, 8002 Zürich.
Schanzengraben, Einstieg bei der Gessnerbrücke hinter dem Löwenplatz, 8001 Zürich, oder Einstieg beim Bürkliplatz, 8001 Zürich.
Villa Patumbah, Zollikerstrasse 128/130, 8008 Zürich. Unterer Parkeingang Mühlebachstrasse vis-à-vis Nr. 174.

Sonstige Adressen:
Amtshaus 1 am Bahnhofquai 3. Montag bis Sonntag 9 bis 11 Uhr und 14 bis 16 Uhr. Telefon 044 411 93 03.
Buchhandlung Beer, St. Peterhofstatt 10, 8001 Zürich. Geöffnet Montag bis Freitag 9:00 bis 18:30 Uhr, Samstag 9 bis 16 Uhr. Telefon 044 211 27 05.
Café und Restaurant Milchbar, Kappelergasse 16, 8001 Zürich. Geöffnet Montag bis Freitag 5 bis 18 Uhr, Samstag 6 bis 17 Uhr. Telefon 044 211 90 13.
Haus zum Rech, Neumarkt 4, 8001 Zürich. Geöffnet Montag 13 bis 17 Uhr, Dienstag bis Freitag 8 bis 17 Uhr, jeden ersten Samstag des Monats 10 bis 16 Uhr. Telefon 044 266 86 86.

Kirche St. Peter, St. Peterhofstatt, 8001 Zürich. Geöffnet Montag bis Freitag 8 bis 18 Uhr, Samstag 10 bis 16 Uhr, Sonntag: Nach dem Gottesdienst um ca. 11 Uhr bis 17 Uhr, Führungen und Besichtigungen Turm (auf Anfrage). Telefon 044 211 50 70.

Kunsthaus, Heimplatz 1, 8001 Zürich. Geöffnet Dienstag 10 bis 18 Uhr, Mittwoch bis Freitag 10 bis 20 Uhr, Samstag/Sonntag 10 bis 18 Uhr. Telefon 044 253 84 84.

Medieval, Mittelalter Buchhandlung Medieval Art & Vie, Spiegelgasse 29, 8001 Zürich. Geöffnet Dienstag bis Freitag 11 bis 18 Uhr, Samstag 11 bis 17 Uhr. Telefon 044 252 47 20.

Museum für außereuropäische Kunst, Gablerstrasse 15, 8002 Zürich. Geöffnet Dienstag bis Sonntag 10 bis 17 Uhr. Telefon 044 202 45 28.

Museum Schweizer Hotellerie und Tourismus, Trittligasse 8, 8001 Zürich. Geöffnet Mittwoch und Freitag 14 bis 17 Uhr, Samstag 11 bis 17 Uhr. Telefon 044 391 82 78.

Museum Strauhof, Augustinergasse 9, 8001 Zürich. Geöffnet Dienstag bis Freitag 12 bis 18 Uhr, Samstag/Sonntag 10 bis 18 Uhr. Telefon 044 412 31 39.

Neumarkt 17 AG, Inneneinrichtungen, Neumarkt 17, 8001 Zürich. Dienstag bis Freitag 9:00 bis 18:30 Uhr, Samstag 9 bis 16 Uhr. Telefon 044 254 38 38.

Predigerkirche, Zähringerplatz/Predigerplatz, 8001 Zürich. Geöffnet Montag von 12 bis 18 Uhr, Dienstag bis Samstag von 10 bis 18 Uhr, Sonntag von 12 bis 17 Uhr. Telefon 044 261 09 89.

Restaurant Belvoirpark, Seestrasse 125, 8002 Zürich. Geöffnet Dienstag bis Samstag von 8 bis 24 Uhr. Telefon 044 286 88 44.

Restaurant Degenried, Degenriedstrasse 135, 8032 Zürich. Geöffnet täglich von 9 bis 23 Uhr. Telefon 044 381 51 80.

Restaurant Kaiser's Reblaube, Glockengasse 7, 8001 Zürich. Geöffnet Montag bis Freitag 11:30 bis 14:30 und 18:00 bis 23:30 Uhr. Telefon 044 221 21 20.

Restaurant Kolbenhof, Kolbenhofstrasse 29, 8045 Zürich. Geöffnet Montag bis Freitag 10 bis 24 Uh, Samstag 17 bis 24 Uhr. Telefon 044 462 06 65.

Restaurant Oepfelchammer, Rindermarkt 12, 8001 Zürich. Geöffnet Dienstag bis Samstag 11:00 bis 0:00 Uhr. Telefon 044 251 23 36.

Restaurant R 21 im Hotel Zürichberg, Orellistrasse 21, 8044 Zürich. Telefon 044 268 35 35.

Restaurant Rigiblick, Germaniastrasse 99, 8044 Zürich. Geöffnet Dienstag bis Samstag 9 bis 24 Uhr. Telefon 043 255 15 70.

Restaurant und Hotel Sonne, Seestrasse 120, 8700 Küsnacht. Geöffnet in den Sommermonaten, wenn es warm ist. Telefon 044 914 18 18.

Restaurant Uto-Kulm, 8143 Üetliberg. Telefon 044 457 66 66.

Restaurants im Hotel Baur au Lac, Talstrasse 1, 8001 Zürich. Telefon 044 220 50 20.

Restaurants im Hotel Savoy Baur en Ville, Am Paradeplatz, 8022 Zürich. Telefon 044 215 25 25.

Rimini am Schanzengraben, Badweg 10, 8001 Zürich. Geöffnet täglich 19 bis 24 Uhr, Samstag 17 bis 24 Uhr, bei Regen nie. Telefon 044 211 95 94.

Travel Book Shop AG, Rindermarkt 20, 8001 Zürich. Geöffnet Montag 13:00 bis 18:30 Uhr, Dienstag bis Freitag 9:00 bis 18:30 Uhr, Samstag 9 bis 16 Uhr. Telefon 044 252 38 83

Zentralbibliothek, Zähringerplatz 6, 8001 Zürich. Geöffnet Montag bis Freitag 8 bis 20 Uhr, Samstag 8 bis 16 Uhr.

Zoo Zürich, Zürichbergstrasse 221, 8044 Zürich. Geöffnet 365 Tage im Jahr, von März bis Oktober 9 bis 18 Uhr; von November bis Februar von 9 bis 17 Uhr; am 24.12. bis 16 Uhr. Telefon 044 254 25 05.

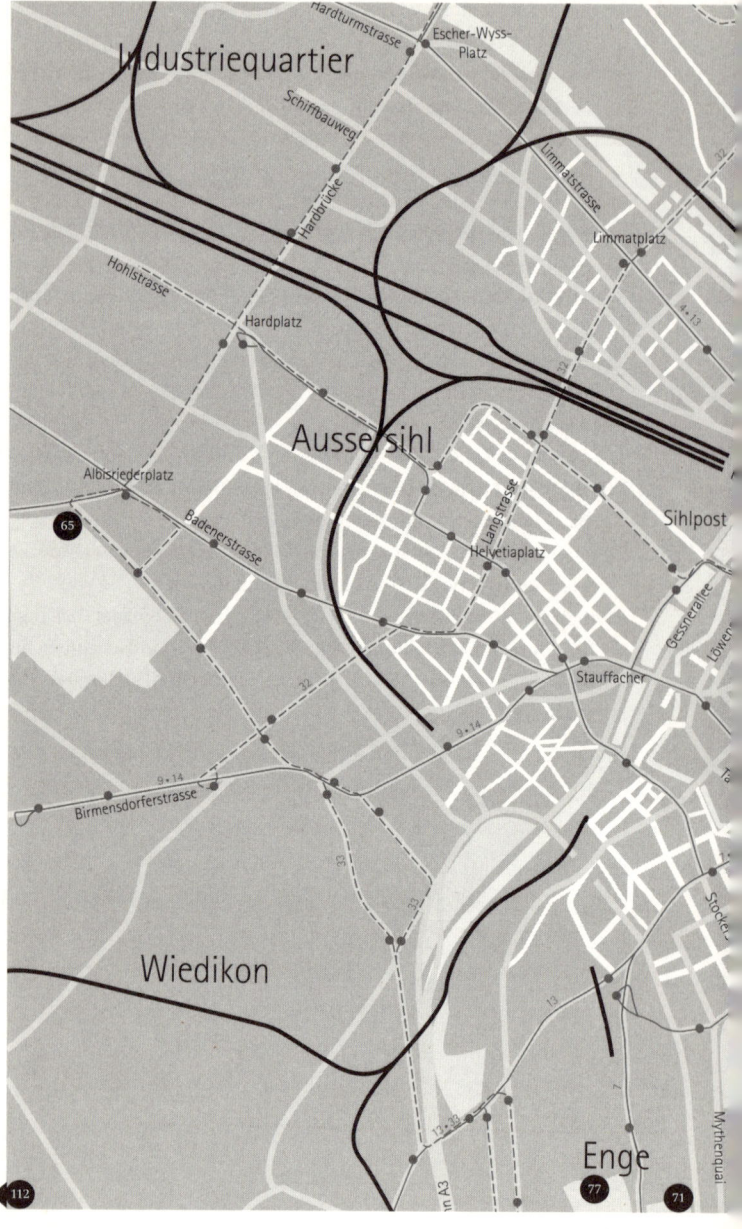

Karte

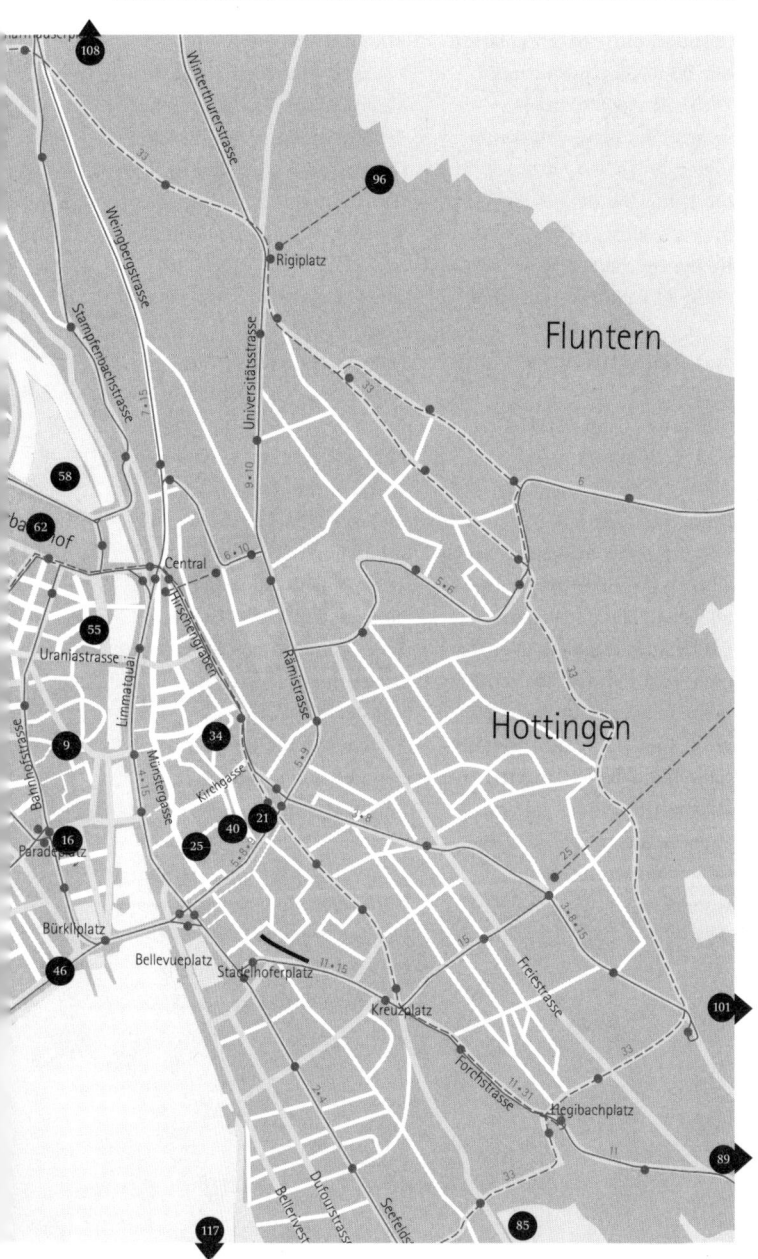

Impressum

Bibliographische Information der Deutschen Bibliothek
Die Deutsche Bibliothek verzeichnet diese Publikation in der Deutschen Nationalbibliographie; detaillierte bibliographische Daten sind im Internet über <http://dnb.ddb.de> abrufbar.

ISBN 978-3-8319-0303-0

© Ellert & Richter Verlag GmbH, Hamburg 2008

Dieses Werk einschließlich aller seiner Teile ist urheberrechtlich geschützt. Jede Verwertung außerhalb der engen Grenzen des Urheberrechtsgesetzes ist ohne Zustimmung des Verlages unzulässig und strafbar. Dies gilt insbesondere für Vervielfältigungen, Übersetzungen, Mikroverfilmungen und die Einspeicherung und Verarbeitung in elektronischen Systemen.

Bildnachweis
Titelbild: Bilderberg, Hamburg (Georg Knoll). Das Titelbild zeigt den Blick von der Quaibrücke flussaufwärts über den Fluss Limmat.
Seiten 9, 16, 25, 34, 40, 46, 55, 58, 62, 71, 77, 85, 89, 96, 101 108, 117: Bernd Zocher, Grüningen.
Seite 21: Ferdinand Hodler: Aufbruch der Jenenser Studenten in den Freiheitskrieg 1813; 1909. © by Zenodot Verlagsgesellschaft mbH and licensed under the GNU Free Documentation License.
Seite 65: Bestattungs- und Friedhofsamt, Zürich.
Seite 112: Hotel und Restaurant Uto-Kulm, 8143 Üetliberg.

Karte S. 126/127: Zürcher Buchhändler- und Verlegerverein (ZBVV); www.zbvv.ch.

Lektorat: Werner Irro, Hamburg
Gestaltung: Büro Brückner + Partner, Bremen
Gesamtherstellung: Offizin Andersen Nexö Leipzig, Zwenkau